Politika e Zgjerimit dhe Ndikimi i saj në Ballkanin Perëndimor

Dorian Jano

Shef i Katedrës Zhan Mone, Universiteti Marin Barleti

© Dorian Jano 2017

Të gjitha të drejtat e rezervuara.
Kopjimi apo shumëfishimi i këtij botimi ose i pjesëve të veçanta të tij, në çfarëdo forme, kërkon lejën dhe autorizimin e autorit.

ISBN-13: 978-1979287647
ISBN-10: 1979287643

Ky studim u realizua në kuadër të Projektit Evropian të Katedrës Zhan Mone të mbështetur nga Komisioni Evropian [Jean Monnet Chair 553208-EPP-1-2014-1-AL-EPPJMO-CHAIR, EU Enlargement and its impact on the Western Balkans].

Për Kristian-in e vogël
dhe Anjezën
me ju, çdo ditë është e bukur

PËRMBAJTJA

Libri trajton procesin e zgjerimit evropian dhe impaktin e tij në Ballkanin Perëndimor, duke ofruar një prezantim sistematik të literaturës për sa i përket kuadrit konceptual dhe teorik mbi *Zgjerimin Evropian* dhe *Evropianizimin* në vendet kandidate si dhe të rasteve studimore nga vendet e Ballkanit Perëndimor. *Zgjerimi Evropian* dhe *Evropianizimi* në Ballkanin Perëndimor janë trajtuar si një e tërë, për të analizuar transformimet e fundit të rajonit që rezulton nga perspektiva e zgjerimit evropian brenda kontekstit të evropianizimit. Si e tillë, rëndësia e këtij libri është e dyfishtë. Nga njëra anë ai i bashkohet debatit mbi zgjerimin dhe evropianizimin e vendeve kandidate, dhe nga ana tjetër ai pasqyron transformimet aktuale që po kalon rajoni si rezultat i procesit të integrimit evropian.

Qëllimi i këtij libri është jo vetëm të familjarizojë lexuesin me konceptet dhe modelet bazë të literaturës së Zgjerimit dhe Evropianizimit por edhe të nxisë studiuesit për ti aplikuar ato duke pasuruar kështu axhendën e hulumtimeve mbi zgjerimin dhe evropianizimin në rastin e vendeve të Ballkanit Perëndimor. Kjo pasi rastet e studimit për Ballkanin Perëndimor janë të limituara sidomos po ti krahasojmë me studimet mbi Evropën Qëndrore.

Ky libër e ka zanafillën vite më parë, si pjesë e studimeve të mia, punës kërkimore, prezantimeve në mjedise akademike dhe botimeve në revista të huaja ku një falenderim të veçantë e kanë profesorët dhe kolegët e mi, pjesëmarrësit në konferenca dhe recensuesit, të cilët kanë ofruar këshilla të dobishme për pjesë të dorëshkrimit. Sigurisht, është e vetëkuptueshme se përgjegjësia për të gjitha mangësitë në këtë dorëshkrim është vetëm e imja. Shpresoj që ky kontribut i mi në këtë libër, edhe pse modest të mund të hedh dritë mbi dinamikën e procesit të integrimit dhe ndikimit që Bashkimi Evropian ka në Ballkanin Perëndimor. Është për tu nënvizuar fakti se integrimi i BP në BE është ende një proces në vazhdimësi i cili do të ketë nevojë për azhurnime dhe hulumtime të mëtejshme në vitet në vijim.

Ky libër u drejtohet së pari studiuesve dhe studentëve të shkencave politike të cilët kanë një interes të veçantë në studimet evropiane. Gjithsesi, ky libër është për gjithkënd që ka interes të kuptojë më shumë rreth proceseve komplekse të transformimeve politike në rajonin e Ballkanit Perëndimor.

Acquis	Baza ligjore e Bashkimit Evropian
BE	Bashkimi Evropian
BH	Bosnjë-Hercegovinën
BP	Ballkani Perëndimor
DG	Drejtori e Përgjithshme
EQL	Evropa Qendrore dhe Lindore
GDP	Prodhim i Brendshëm Bruto
GJPNIJ	Gjykata Penale Ndërkombëtare për Ish-Jugosllavinë
MSA	Marrëveshje e Stabilizim-Asociimit
NATO	Organizata e Traktatit të Atlantikut të Veriut
OSBE	Organizata për Siguri dhe Bashkëpunim në Evropë
PHARE	Asistencë për ristrukturim të ekonomisë Polake dhe Hungareze
SAp	Procesi i Stabilizim-Asociimit
TAIEX	Asistenca Teknike dhe Shkëmbimi i Informacionit

1
HYRJE

Procesi i anëtarësimit në Bashkimin Evropian transformoj thellësisht shoqëri të ndryshme si atë Polake dhe Bullgare, Rumune dhe Sllovene. Sot, ekziston një konsensus i gjerë që ky proces mund të bëjë të njëjtën gjë për Ballkanin. (International Commission on the Balkans 2005, 28)

BALLKANI PËRKUNDREJT EVROPËS JUGLINDORE

Çdo përkufizim i Ballkanit është problematik dhe i diskutueshëm. Gadishulli i Ballkanit nuk ka një përcaktim të gjithë-pranuar të kufijve të tij, pasi në hapësirën e tij gjeografike shpesh herë përfshihet Sllovenia, Greqia ose pjesa e 'Turqisë Evropiane'. Në përgjithësi, rajoni i Ballkanit përfshin Shqipërinë, Bosnjë-Hercegovinën, Bullgarinë, Kroacinë, Kosovën, Maqedoninë, Malin e Zi, Rumaninë, Serbinë dhe një pjesë të Sllovenisë.[1] Ballkani, si koncept jo fizik, përbën një diversitet të larmishëm kulturor. Ai është një rajon i dallimeve gjuhësore dhe një pikë-takimi e krishtërimit dhe islamit, ku mund të gjenden jo vetëm ortodoksë dhe katolikë, por edhe bektashinj, apo hebrenj. Komunizmi gjithashtu u përjetuar në mënyra të ndryshme në vende të ndryshme të Ballkanit. Bullgaria dhe Rumania praktikuan një variant të ashpër të komunizmit sovjetik; Shqipëria ndoqi një strategji të centralizuar, autarkike dhe vetë-izoluese; ndërsa ish-Jugosllavia ndërmori një rrugë më të hapur dhe pluraliste përmes sistemit të vetë-menaxhimit (Anastasakis dhe Bojicic-Dzelilovic 2002, 7-8). Heterogjeniteti i rajonit u theksua edhe më shumë pas viteve '90 me

---

[1] Për më tepër shih (Encyclopædia Britannica 2017).

copëtimin e ish-Jugosllavisë në shtete më të vogla, një prirje e cila vazhdoj deri vonë, me shkëputjen e Malit të Zi dhe pavarësinë e Kosovës nga Serbia.

Sot, Ballkani si koncept është më shumë një konstrukt i perceptimeve dhe diskursit politik jo vetëm brenda, por edhe jashtë rajonit. Todorova argumenton se stigmatizimi i Ballkanit, është i rrënjosur në 'imagjinatën' politike të Evropës Perëndimore dhe kjo ka pasur influence edhe në diskursin dhe vetë-pozicionimin e aktorëve lokalë përballë 'Evropës Imagjinare'.[2] Në rajon, nënvizimi i dallimeve vjen si rezultat i 'nevojës për të shpëtuar' nga kuptimet përçmuese të lidhur me konceptin e Ballkanit të cilat stigmatizojnë një 'hapësirë dhe identitet' të ndryshëm nga ai Evropian. Ngjyrimi negativ që mbart në vetvete fjala *Ballkan* ka bërë që shumë vendet të rajonit të parapëlqejnë të identifikohen si vende të Evropës Juglindore. Kjo kryesisht nga elitat politike kombëtare të cilat dëshirojnë të perceptohen nga aktorët ndërkombëtarë, p.sh. BE-ja, si të ndryshëm dhe më të avancuar se vendet e tjera të rajonit (Anastasakis dhe Bojicic-Dzelilovic 2002, 37). Gjithsesi, për bashkësinë ndërkombëtare duket se është më e lehtë përcaktimi i Ballkanit si një rajon me vete për shkak të perceptimit të zakonshëm në rrethet akademikë, midis analistësh, gazetarësh dhe politik-bërësve perëndimorë i cili e bën Ballkanin një rajon me identitetin, historinë, kulturën, sigurinë, politikën dhe kushtet socio-ekonomik të veta rajonale (Anastasakis dhe Bojicic-Dzelilovic 2002, 73). Përveç diskursit dhe perceptimeve, studiuesit pranojnë faktin se rajoni i Ballkanit mund të merret si një i tërë dhe kuptimplotë në funksion të problemeve të caktuara të përbashkëta, sidomos po ti referohemi tranzicionit politik dhe zhvillimeve socio-ekonomike të periudhës pas viteve '90 (Bechev 2011, 65). Çështje dhe problem të tjera shumë të rëndësishme që kanë nevojë për një qasje të përbashkët dhe rajonale janë; lufta ndaj korrupsionit dhe krimit të organizuar, konsolidimi i demokracisë dhe sundimit të ligjit, si dhe mbrojtja e të

---

[2] Për një analizë të detajuar rreth debatit dhe konceptit të Ballkanit dhe Ballkanizimit, shih (Todorova 2009).

drejtave të minoriteteve. Gjithashtu, Ballkani si një i tërë ka interesa dhe objektiva të përbashkëta gjeopolitike për t'u bashkuar organizmave euroatlantike (të tilla si NATO dhe BE), si dhe po përballet me të njëjtat presione të jashtme (p.sh. influenca e Turqisë dhe ajo e Rusisë). Sot ka një vetëdije në rritje se problemet më të rëndësishme në Ballkan, - stabiliteti, demokracia dhe zhvillimi, - janë të lidhura ngushtësisht me njëra-tjetrën dhe ndikohen katërcipërisht nga rajoni, prandaj edhe zgjidhja e tyre duhet të jetë rajonale (Bianchini 1999).

Në një kompleksitet të tillë dhe me një gamë të gjerë çështjesh ajo që vlen më tepër dhe duhet parë në përkufizimin e një koncepti është konteksti më shumë sesa emërtimi në vetvete. Për të përkufizuar rajonin në kontekstin aktual, sot ka më shumë rëndësi integrimit i rajonit në BE. Në fillimet e viteve '90, përfshirja e BE-së në rajon si dhe dinamika dhe instrumentet për promovimin e normave dhe vlerave Evropiane ishin të ndryshme, ku mund të dalloje 'dy Ballkan-e' të veçanta (Kavalski 2003, 198). Në njërën anë ishte Bullgaria dhe Rumania, vente kandidatë (sot, shtete-anëtare) për tu anëtarësuar në BE dhe me të drejtë për të përfituar nga ndihma e para-anëtarësimit; dhe në anën tjetër ishin 'vendet e Ballkanit Perëndimor', të përjashtuara atëherë nga procesi i zgjerimit. Në vitin 1998 pasi Bullgaria dhe Rumania filluan bisedimet për anëtarësim në BE, për herë të parë u përdor zyrtarisht nga Presidenca Austriake e Bashkimit Evropian termi *'Ballkani Perëndimor'*. Në këtë kontekst ka disa argumente që përligjin përdorimin e konceptit 'Ballkani Perëndimor'. Së pari, duhet pranuar se BE-ja përmes praktikave të saj institucionale ka fuqinë për të 'grupuar shtetet' jashtë kufijve të saj në iniciativa rajonale, dhe si rezultat i këtij pushteti simbolik të rigrupimit ka edhe legjitimitetin për të riformuluar gjeografinë politike (Bechev 2006b, 21). Së dyti, të gjitha vendet e këtij grupim rajonal i janë përshtatur kolektivisht këtij kuadri gjeopolitik dhe asnjë shtet nuk mund të supozohet ta anashkalojnë (Bugajski 2001, 4).

Prandaj ne do të përdorim shpeshherë termin 'Ballkani Perëndimor' si një koncept kontekstual, i 'krijuar nga Brukselit' (Van Meurs 2004, 3) dhe i cili i referohet vendeve të 'ish-Jugosllavisë minus Slloveninë plus Shqipërinë'[3], shtete këto të cilat e filluan procesin e integrimit Evropian njëkohësisht, edhe pse me shpejtësi të ndryshme dhe sot mund të flasim për 'Ballkanin e Mbetur - *(R)esten Balkans'* po ti referohemi anëtarësimit të Kroacisë në BE në vitin 2013.

SINTEZË E PROCESEVE TRANSFORMUESE DHE HULUMTIMEVE NË BALLKANIN PERËNDIMOR[4]

Pas rënies së komunizmit në vitet '90, Ballkani Perëndimor do të duhej të ndërmerrte një numër transformimesh rrënjësore dhe shumë-dimensionale të cilat janë tepër komplekse për t'u përshkruar dhe shpjeguar nga një qasje apo modeli i vetëm teorik. Kjo pasi proceset transformuese në rajon janë zhvilluar paralelisht dhe pa një ndarje të qartë se kur përfundon një proces dhe kur fillon një tjetër. Një transformim i tillë kompleks ndërthur shtet-formimin, tranzicionin, demokratizimin dhe integrimin Evropian, por pjesa më e madhe e hulumtimeve akademike ka qenë kryesisht e përqendruar në procesin e shtet-formimit, tranzicionit apo demokratizimit dhe së fundmi fokusi është zhvendosur drejt integrimit Evropian. Një kërkim i datës 15-07-2008 në Indeksin e Citimeve të Shkencave Shoqërore (Social Science Citation Index) duke përdorur fjalë kyçe dha rezultatet e mëposhtme: në total, u gjetën 852 studime të cilat në titull përfshijnë termin Ballkan (*Balkan**) ose Evropa Jug-Lindore (*South* East* Europe**) (Timespan=1989-2008 Databases=SSCI). Ndër këto studime, kërkimi i mëtejshëm me termin i) luftë (*war*) dha 139 studime; ii) tranzicion ose demokratizim (*tran*ition or democrati*ation)* dha 35 studime; iii) integrim (*integration)* dha vetëm 19 studime. Këto të dhëna bibliografike tregojnë se hulumtimet mbi rajonin janë fokusuar dhe kanë trajtuar, edhe pse jo në mënyrë të njëtrajtshme, transformimet e shumta që rajoni po kalon. Pjesa më e madhe e studimeve akademike fokusohen kryesisht në procesin e komb-/shtet-formimit. Edhe hulumtimet rreth

---

[3] Bosnjë-Hercegovina, Kosova, Kroacia, Mali i Zi, Maqedonia, Serbia dhe Shqipëria.
[4] Ky seksion bazohet në (Jano 2008b).

tranzicionit e konsiderojnë rajonin e Ballkanit si një rast studimi. Së fundmi, fokusi i studimeve mbi Ballkanin Perëndimor po përqendrohet tek integrimi i këtyre vendeve në Bashkimin Evropian duke iu referuar literaturës mbi zgjerimin e BE-së.

Më poshtë do të paraqesim në mënyrë sintetike dhe analitike proceset kryesore të transformimeve post-komuniste të Ballkanit Perëndimor, si dhe shkaqet kryesore dhe rezultatet që lidhen me to.

'Ballkanizimi i Fundit': Dështimi i Shteteve të Ballkanit Perëndimor

Përgjatë viteve '90 i gjithë fokusi hulumtues u përqendruar tek procesi i shtet-formimit kjo pasi domosdoshmëria e kësaj periudhe ishte e lidhur ngushtësisht me 'shtet-formimin[5] në kuptimin e drejtpërdrejt të fjalës' (Krastev 2003, 34). Ri-sjellja në axhendën politike të çështjes komb-shtet do të rezultonte në trazira të dhunshme për të gjithë rajonin. Shpërbërja e ish-Jugosllavisë në fillimet e saj u shoqërua me konflikte të dhunshëm duke shkaktuar viktima në njerëz, trauma dhe zhvendosje të civilëve, pa përllogaritur këtu kostot e mëdha financiare dhe ekonomike. Procesi i shpërbërjes së ish-Jugosllavisë do të rezultonte i papërfunduar, dhe vazhdoj me shkëputjen e Malit të Zi në vitin 2006 dhe atë të Kosovës në vitin 2008. Në vitin 1997, përveç shpërbërjes së Jugosllavisë, edhe shteti Shqiptar do të kalonte në një anarki totale, një rast klasik i dështimit të shtetit. Këto zhvillime të rajonit mund të përshkruhen si 'Ballkanizimi i fundit'.

Koncepti i 'Ballkanizimit' është përdorur për të përshkruar në thelb një proces fragmentimi të njësive politike të mëdha dhe komplekse në entitete më të vogla dhe shpesh reciprokisht antagoniste; ndërkohë në ligjërimin bashkëkohor termi Ballkanizim është përdorur si antitezë e asaj çka mund të jetë vlerë dhe normë 'Perëndimore' (Todorova 2009, 32). 'Ballkanizimi i fundit', si koncept synon të përshkruajë procesin

---

[5] Shtet-formimi është kryesisht i lidhur me krijimin dhe rruajtjen e njësisë politike, shtetin ... Në fazat e mëtejshme të shtet-formimit, kemi kryesisht krijimin e një identifikimi pozitiv të qytetarëve me shtetin (Kopecký dhe Mudde 2000, 529).

dhe problematikën e cila karakterizon zhvillimet e pas viteve '90 në rajonin e Ballkanit. Ai përshkruan shpërbërjen (e dhunshme) në ish-Jugosllavi dhe mos-funksionimin e rendit në Shqipëri, si dhe është i lidhur ngushtësisht me konceptin e 'shteteve të dobëta' dhe me procesin e dështimit të shtetit.

Trazirat të cilat dominuan Ballkanin Perëndimor në vitet '90 janë të shumta dhe shkaqet e tyre edhe më komplekse. Pavarësisht se specifikat e çdo shteti apo entiteti në rajon ishin të ndryshme, ajo që mund të vërehet si një karakteristikë e përbashkët, ishte dobësia e shtetit. Dobësia e shtetit, kryesisht si rezultat i mos-përfaqësimit etnik dhe/ose politiko-social, rezultoi në dështimin e vetë shtetit. Kuptimi i shtetit në rajon ishte ai i një regjimi autoritar dhe/ose tepër nacionalist. Ky model autoritar-nacionalist, që kishte për synim të ruante stabilitet dhe të shpëtonte shtetin nga rrënimi apo copëtimi, jo vetëm që nuk ia arriti qëllimit por solli rezultate të kundërta pasi nxiti një përballje të fortë me qytetarët e vet dhe veçanërisht me grupet etnike. Ish-Jugosllavia përbëhej nga grupe etnike të ndryshme të cilat kishin mosmarrëveshje thelbësore brenda dhe midis shteteve të ish-federatës. Ndasitë etnike u bënë sinonim i pamundësisë qeverisëse, ndaj dhe homogjeniteti ishte një parakusht për sigurinë dhe mirëqenien e rajonit (Bianchini 1995, 28). Argumenti i shteteve homogjene është përdorur edhe si shembull ilustrative për të shpjeguar pjesërisht pse vendet e Evropës Qëndrore nuk patën konflikte midis tyre apo fuqizim të grupeve nacionaliste (Rupnik 2000, 118). Gjithsesi, argumentimi i shtetit homogjen nuk është i mjaftueshëm për të shpjeguar të gjitha rastet. Shqipëria, për shembull, ndonëse është një vend etnikisht homogjen, përsëri kaloj në anarki totale në vitin 1997. Ndërkohë, ish-Çekosllovakia edhe pse një shtet heterogjen nuk u përfshi në konflikte të dhunshme para dhe pas shpërbërjes së saj. Për një shpjegim më gjithëpërfshirës të shkaqeve pse shtetet dështojnë apo shpërbëhen dhunshëm, duhet marrë në konsideratë përveç heterogjenitetit edhe intoleranca ndaj diversitetit etnik dhe atij social. Në të gjitha rastet shpërbërja e dhunshme erdhi si rezultat i përjashtimit ose pakënaqësisë ndaj (përfshirjes së) shtetit për një pjese të komunitetit qoftë ky grup etnik, civil apo edhe njësi-shtet brenda federatës. Bashkëjetesa e grupeve të ndryshme politike (rasti i Shqipërisë) dhe entiteteve/ shteteve etnike (rasti i ish-Jugosllavisë) ishte e pamundur dhe konfliktuale, me një shkallë të lartë mosbesimi të ndërsjellët. Shteti, jo vetëm që nuk arriti të harmonizojë këto divergjenca midis qytetarëve të vet por në të kundërt mbajti anën e një pale. Kjo 'sjellje shtetërore' e papërshtatshme e një kulture të ngushtë politike solli në perceptimet qytetare çështjen e legjitimitetit duke krijuar kështu një endek të madh midis shtetit dhe (disa prej) qytetarëve të saj. Shtetet e Ballkanit Perëndimor u de-legjitimuan në sytë e shumë prej qytetarëve të tyre, pasi këta të fundit e shikonin shtetin të dominohej ose t'i shërbente interesave të ngushta të një grupi etnik apo politik (Bechev dhe Andreev 2005, 6). Mungesa e besimit ndaj institucioneve shtetërore dhe për më tepër intoleranca dhe 'përjashtimi' institucional i qytetarëve rezultoi në rrënimin e shteteve (shpërbërje ose mungesë të rendit) në BP. Shtetet autoritare dhe/ose nacionaliste të Ballkanit Perëndimor nuk mund të funksiononin në përputhje me parimet moderne politike të cilat i trajtojnë qytetarët si individ të lirë dhe të barabartë.

Kultura politike e autoritarizmit dhe nacionalizmit mbetën të ngulitura thellë në rajon (Bugajski 2001, 9), duke e bërë jo funksional kontekstin e ri pluralist. Kultura politike e interesave të ngushta nacionaliste dhe populiste pati një ndikim tepër të fortë në axhendën politike të shumicës së vendeve të Ballkanit Perëndimor (Gligorov 2003, 2). Shpërbërja e dhunshme e Jugosllavisë në përgjithësi ishte produkt i karakterit konfliktual të sistemit të mëparshëm politik, dhe veçanërisht mund të konsiderohet si pjesë e një strategjie të hartuar nga elitat ish-komuniste të cilat kërkonin me çdo kusht të mbanin pushtetin e tyre (Krastev 2002, 43). Në të njëjtën linjë mendimi, edhe anarkia shqiptare e vitit 1997 dhe destabilizim në vitin 1998 ishin produkt edhe i rezultatit të kulturës konfliktual politike që demonstruan palët, të cilat provuan të ishin po aq të 'indoktrinuara' si paraardhësit e tyre komunistët ku kundërshtarët politikë u konsideruan dhe u luftuan si 'armiq'.

'Demokratizim i Vonuar' si Shkak i Pasigurisë së Lartë

Paralelisht me shpërbërjen e shteti, rajoni do të kalonte, si gjithë Evropa Lindore, edhe shpërbërjen e regjimit të sistemeve komuniste. Vendet e Ballkanit Perëndimor do të duhej të kalonin të tjera transformime thelbësore si rezultat i tranzicionit të tyre drejt një demokracie pluraliste dhe ekonomie të lirë të tregut. Tranzicioni, në terma të përgjithshëm, nënkupton 'intervalin midis shpërbërjes të një regjimi të vjetër dhe instalimit të një regjimi të ri' (O'Donnell dhe Schmitter 1986, 6). Në literaturën post-komuniste, tranzicioni shpeshherë konceptohet si transformim drejt një demokracie pluraliste dhe ekonomie të tregut të lirë. Këto transformime kërkonin para së gjithash krijimin e institucioneve të reja të cilat do të garantonin funksionimin e sistemit demokratik dhe ekonomisë së tregut; duke sjellë ndarjen e shtetit nga kontrolli partiak si dhe krijimin e terrenit për funksionimin e ekonomisë së tregut duke abandonuar planifikimin shtetëror ekonomik. Reforma të tjera themelore si dhe praktika të reja ligjore dhe administrative duhej të aplikoheshin në mënyrë që të bëhej shkëputja totale nga trashëgimia institucionale e sistemit të komunizmit.

Në Ballkanin Perëndimor, kur shpërbërja e dhunshme (pothuajse) kishte përfunduar dhe autoritarizmi po dobësohej, procesi i demokratizimit, - ndërtimi i një demokracie liberale dhe ekonomie funksionale të tregut, - u bë çështja kryesore për rajonin. Edhe pse ndërtimi i demokracisë dhe reformat ekonomike kishin filluar që prej fillimit të viteve '90, duhet të theksojmë se Ballkani Perëndimor kaloj një tranzicion të vonuar, të paktën në krahasim me vendet e Evropës Qëndrore. Vlerësimet e procesit të tranzicionit në Evropën Lindore paraqesin një tablo të suksesshme të Evropën Qëndrore dhe një prapambetje në Ballkan.[6] Dy dimensionet kryesore në vlerësimin e performancës së një vendi në tranzicion janë: dimensionin politik, i cili mat aspektet formale të demokracisë si zhvillimi i zgjedhjeve të lira dhe të ndershme; dhe dimensioni ekonomik, i cili mat aspekte të

---

[6] Për më tepër shih (Rupnik 2000).

liberalizimit, stabilizimit dhe privatizimit. Për sa i përket statusit të demokracisë, nga vlerësimet e *Freedom House* vërejmë dallime të qarta midis Ballkanit Perëndimor dhe Evropës Qëndrore që nga fillimi i tranzicionit. Nëse vendet e Evropës Qendrore janë konsideruar vende *të lira*, vendet e Ballkanit Perëndimor janë konsideruar, në rastin më të mirë, vetëm *pjesërisht të lirë*.[7] Për ta ilustruar, mesatarja e vlerësimit të demokracisë në vitet 1999-2000 për Ballkanin Perëndimor ka qenë 4.83 pikë, ndërsa për Evropën Qëndrore 2.12 pikë; ku sa më i vogël të jetë vlerësimi aq më i lartë është nivelin i progresit demokratik që ky numër përfaqëson dhe anasjelltas (Freedom House 2006).[8] Për sa i përket performancës së tyre ekonomik, hendeku është edhe më i thellë. Performanca ekonomike e të gjitha ekonomive të tranzicionit në Ballkan ka qenë më e dobët se në Evropën Qëndrore (Gligorov, Kaldor dhe Tsoukalis 1999, ii), kjo pasi të dy rajonet kaluan përvoja zhvillim të ndryshme. Në rastin e Ballkanit Perëndimor konfliktet dhe trazirat bënë që në vitin 1998 rajoni të ishte shumë herë më keq edhe se situata ekonomike në vitin 1989; Prodhim i Brendshëm Bruto në vitin 1998 varionte nga 35% (Bosnja dhe Hercegovina) deri 86% (Shqipëria) të nivelit të GDP-së të vitit 1989 (Uvalic 2001, 18). Zhvillime politike dhe ekonomike në rajon flasin për një tranzicion të vonuar në vendet e Ballkanit Perëndimor, sidomos po ta krahasojmë me tranzicionin e vendeve të Evropës Qëndrore.

---

[7] Në vlerësimet e *Freedom House* (2006), Serbia dhe Mali i Zi klasifikohen si vend *jo i lirë* deri në vitin 1999 (përjashtim vitet 90-93 që vlerësohen si *pjesërisht i lirë*), *pjesërisht i lirë* pas vitit 1999 dhe nga viti 2002 e më pas kanë përparuar drejt vend *i lirë*. Bosnja gjithashtu u konsiderua si vend *jo i lirë* deri në vitin 1996 dhe *pjesërisht i lirë* vetëm pas vitit 1996. Kroacia është konsideruar *pjesërisht i lirë* dhe vetëm pas ndryshimeve politik në 2000-2001 do të konsiderohet si *i lirë*. Maqedonia dhe Shqipëria klasifikoheshin si *pjesërisht i lirë*.

[8] SHËNIME: Vlerësimet bazohen në shkallën nga 1 deri në 7, ku 1 përfaqëson nivelin më të lartë të progresit demokratik dhe 7 nivelin më të ulët. Mesatarja për Ballkanin Perëndimor është një përllogaritje e imja pasi studimi përfshin në mesatare Rumaninë dhe Bullgarinë. Mesatarja duke përfshirë këto dy shtete është 4.46, ku Bullgaria përllogaritet me 3,58 pikë dhe Rumania me 3,54 pikë.

Përveç nevojës për rikuperim nga konfliktet dhe tranzirat, sfidat kryesore të një trazicioni të vonuar në rajon ishin: kapaciteti i dobët organizativ i aktorëve socialë dhe shoqërisë civile, krijimi i kushteve të shëndosha për një zhvillim të qëndrueshëm ekonomik, lufta ndaj korrupsionit dhe krimit të organizuar. Të gjitha këto sfida dhe për më tepër paaftësia për ti trajtuar ato, tregoi edhe një herë dobësinë e shteteve të Ballkanit Perëndimor. Kësaj here dobësia e shtetit ishte e karakterit strukturor pasi mungonin kapacitetet e mjaftueshme të qeverisjes për të kryer reformat e nevojshme. Shtetet e Ballkanit Perëndimor treguan se janë të paefektshëm dhe të paaftë për të trajtuar sfidat e reja të tranzicionit. Procesi i ndërtimit të institucioneve të afta për të kapërcyer sfidat e tranzicionit ka qenë një karakteristikë kryesore e situatës post-konfliktuale në Ballkanin Perëndimor. Por aftësia për të ndërtuar institucione efektive ka qenë e kufizuar për shkak të mungesës së vullnetit politik, mungesës së kapaciteteve financiare dhe administrative, si dhe shkallës së madhe të de-industrializimit.

Çilat janë shkaqet të cilat çuan vendet e Ballkanin Perëndimor në një tranzicion të vonuar dhe më e rëndësishmja, pse këto vende mbetën prapa dhe hezituan të kapnin ritmin e zhvillimeve demokratike? Post-komunizmi në Ballkanin Perëndimor, pa dyshim, nuk ishte një terren shumë i përshtatshëm për importimin e kulturës politike të demokracisë liberale, kjo pikë së pari për shkak të trashëgimisë së luftërave, të komunizmit, dhe të historisë së rajonit (International Commission on the Balkans 1996, 74). Literatura sjellë një numër argumentesh bazuar kryesisht në faktorë historikë. Vonesa e tranzicionit në rajon është si rrjedhojë e përvojës së kufizuar të eksperiencës demokratike.

Gama e mundshme e shkaqeve të cilat lidhen me 'trashëgiminë historike' shtrihet që tek faktorët e të kaluarës osmane deri tek eksperienca komuniste e rajonit.[9] Duke ndjekur logjikën e 'trajektores së varësisë' çdo proces në rajon mund të konsiderohet si rezultat i

---

[9] Argumentimet rreth mungesës së eksperiencës demokratike në vendet e Ballkanit Perëndimor nga pavarësia deri në Luftën e Dytë Botërore vihen në pikëpyetje nga disa studiues të cilët theksojnë se 'nuk ka prova për të mbështetur pretendimin bosh se demokratizimi dështoj në Ballkan' (Mungiu-Pippidi, Meurs dhe Gligorov 2007, 33).

vazhdimësisë së sjelljes dhe situatave të mëparshme, ku përvoja më e fundit komuniste pati një ndikim në kulturën politike të vendeve të Ballkanit (Anastasakis dhe Bojicic-Dzelilovic 2002, 6). Argumente të tjera shpjeguese nënvizojnë rolin kyç të aktorëve të brendshëm dhe të jashtëm (p.sh. rolin e elitave politike dhe atë të Bashkimit Evropian). Të gjithë këta faktorë së bashku, pavarësisht qasjes teorike, e kanë bërë tranzicionin në vendet e Ballkanit Perëndimor 'të pasigurt'. Tranzicioni në vetvete është një 'proceset tepër i pasigurt' (Kopecký dhe Mudde 2000, 519) por në Ballkanin Perëndimor kjo pasiguri ka qenë më e lartë se në vendet e Evropës Qëndrore për një numër arsyesh. Pikë së pari, për shkak të mënyrave të ndryshme të komunizmit, pasiguria e tranzicionit ishte mjaft e ndryshme. Në vendet e Evropës Qëndrore regjimet komuniste kanë qenë në një masë të madhe të 'imponuara' nga ndërhyrja e jashtme (p.sh. nga Moska); ndërsa në Jugosllavi dhe në Shqipëri revolucioni komunist u 'importuar' dhe u kryer nga elitat vendase (Mungiu-Pippidi, Meurs dhe Gligorov 2007, 25). Këto mënyra të ndryshme komunizmi, të 'imponuara' apo të 'importuara', influencuan në shkallë të ndryshme tek pasiguria e procesit të tranzicionit. Në Evropën Qëndrore tranzicioni ishte më i sigurt dhe i mirëpritur, pasi vendet e Evropës Qëndrore me përmbysjen e regjimit të imponuar komunist nënkuptonin sovranitet nga ndikimi sovjetik, një element i cili mungonte në Jugosllavi dhe Shqipëri, vende të cilat ishin shkëputur prej kohësh nga influenca e Rusisë. Roli i elitave politike për zvogëlimin e pasigurisë së tranzicionit duhet të merret gjithashtu parasysh. Në shumë vendeve të Evropës Qëndrore tranzicioni drejt demokracisë nuk ishte aq i pasigurt, pasi ose ka pasur një opozitë të fuqishme e cila u mbështet nga mobilizimi popullor kundër regjimit (rasti i Polonisë) ose ka pasur komunistë reformatorë të cilët bashkëpunuan me opozitën për të sjellë ndryshime demokratike (rasti i Sllovenisë) (Bunce 2003, 188). Nga ana tjetër, BE-ja ka luajtur një rol të rëndësishëm në uljen e pasigurisë së tranzicionit, pasi në vendet e Evropës Qëndrore ajo ofroj një asistencë politike dhe financiare shumë më të madhe. Si pasojë e këtyre faktorëve, vendet e Evropës Qëndrore përparuan më të sigurta drejt ndërtimit të institucioneve dhe reformave demokratike, ndërsa perspektiva e Ballkanit Perëndimor mbeti e largët dhe tranzicioni tepër i pasigurt.

'Evropianizimi Fillestar' dhe Integrimi Evropian

Nga viti 2000 e më pas, transformimet në Ballkanin Perëndimor hynë në një fazë të re zhvillimesh pasi perspektiva e anëtarësimit në BE iu dha të gjitha vendeve të Ballkanit Perëndimor. Në qershor të vitit 2000 në mbledhjen e Këshillit Evropian, kryetarët e shteteve dhe qeverive të vendeve të BE-së i ofruan rajonit perspektivën Evropiane, duke i konsideruar të gjithë shtetet e rajoni si vende *potencialisht kandidate* për anëtarësim në Bashkimin Evropian në një të ardhme.[10] Objektivi drejt anëtarësimit të vendeve të Ballkanit Perëndimor në BE ka fituar një shtysë më shumë, pas aderimit të të gjitha vendeve të Evropës Qëndrore i cili përfundoj me pranimin e Bullgarisë dhe Rumanisë në 1 janar 2007. Shembulli më i mirë është rasti i anëtarësimit të Kroacisë e cila iu bashkua BE-së në korrik 2013. Vendet e tjera të Ballkanit Perëndimor janë tashme në procesin e anëtarësimit dhe përpara se të bëhen shtete-anëtare të BE-së, vendet kandidate duhet të ndërmarrin midis të tjerave një sërë transformimesh specifike të cilat lidhen ngushtësisht me përmbushjen e kërkesave politike, ekonomike dhe ligjore të BE-së, të njohura si Kriteret e Kopenhagën-it. Kjo marrëdhënie e re midis Kushtëzimit të BE-së dhe Pajtueshmërisë së Ballkanit Perëndimor, nënkupton ndikimin e drejtpërdrejtë të BE-së në Ballkanin Perëndimor. I gjithë procesi i ndikimit të integrimit Evropian në vendet potencialisht shtete anëtare është quajtur si Evropianizimi i 'stilit lindor' ose 'fillestar'. Në rastin e parapërgatitjes për anëtarësim, ne i referohemi një procesi Evropianizimi fillestar, i cili nënkupton që transformimet në vendet potencialisht shtetet-anëtare janë vetëm efekte paraprake si shkak i përgatitjes për anëtarësim (Goetz 2001, 1036).

---

[10] 'Objektivi [i BE-së] mbetet integrimi i plotë i mundshmëm i vendeve të rajonit në rrjedhën politike dhe ekonomike të Europës .... Të gjitha vendet [e Ballkanit Perëndimor] në fjalë janë kandidatë potencial për anëtarësim në BE' (Council of the European Union 2000, § 67).

Evropianizimi fillestar, në këtë kontekst ka të bëjë me procesin e anëtar-shtet-formimit, ku vendet e Ballkanit Perëndimor duhej të shqyrtojnë dhe adoptojnë legjislacionin e BE-së, të përshtatin institucionet ekzistuese apo të krijojnë të reja konform modeleve dhe standardeve Evropiane. Si rezultat i këtij procesi anëtar-shtet-formimi, vendet e Ballkanit Perëndimor po pësojnë transformime rrënjësore në shumë drejtime kryesore; së pari dhe më të drejtpërdrejta janë adoptimi dhe zbatimi i politikave dhe standardeve Evropiane, ri-strukturimi i institucioneve dhe administratës publike; së dyti konvergjenca drejt standardeve sociale dhe ekonomike të BE-së dhe së treti ndryshime substanciale dhe proceduriale në mënyrën e qeverisjes demokratike. Me avancimin e procesit të anëtarësimit, vendet e Ballkanit Perëndimor duhet të përmbushin të gjitha detyrimet që rrjedhin nga marrëveshja e Stabilizim Asociimit apo Negociatat për Anëtarësim. I gjithë ky proces i anëtar-shtet-formimit do të sjellë një transformim të thellë dhe të detajuar të strukturës shtetërore, politikës dhe politikave publike në të gjithë vendet e Ballkanit Perëndimor.

Pikëpyetje dhe dyshime janë ngritur në lidhje me kapacitetet e rajonit apo edhe aftësisë transformuese të BE-së për të Evropianizuar Ballkanin Perëndimor. Por, pavarësisht pasigurive dhe vështirësive në lidhje me të ardhmen e proceseve integruese, ajo që është ndoshta më e rëndësishme këtu është se integrimi Evropian është tashmë i pakthyeshëm edhe në një vend si Serbia, ku çështje politike delikate apo trazirat e mundshme politike mund të ndikojnë vetëm 'shpejtësinë' por jo kursin e përgjithshme të integrimit (Uvalic 2003, 79). Studiuesit vërejnë se është Evropa - normat dhe vlerat e saj, - të cilat qëndrojnë si emërues i përbashkët rreth të cilit një identitet i ri kolektiv i Ballkanit ka filluar të kristalizohet (Bechev 2006a, 22). Kjo bën të mendosh se anëtarësimi në BE është vizioni i vetëm për vendet e Ballkanit Perëndimor. Deri tani, logjika dhe momenti i integrimit evropian e kanë bërë përfshirjen e shteteve të Ballkanit Perëndimor në BE një strategji dhe objektiv të pashmangshëm (Balkan Forum 2002, 6). Përveç këtyre notave të hershme positiviste dhe shumë optimiste, do të duhet vullnet dhe angazhim politik që të ndërmerren masa konkrete nga elitat politike dhe institucionet në mënyrë që të arrihet pajtueshmëria me standardet e BE-së. Ballkani Perëndimor mund të Evropianizohet por ka akoma shumë punë për t'u bërë. Problematika me Evropianizimin e Ballkanit Perëndimor nuk qëndron vetëm tek ana formale e pajtueshmërisë me kërkesat e BE-së, sfida më e madhe e vendeve të Ballkanit Perëndimor do të jetë 'braktisja' e praktikave të së kaluarës në mënyrë që të Evropianizohet 'të sjellurit politik'.

Tabela 1: Proceset Transformuese në Ballkanin Perëndimor. Koncepte, Shkaqe dhe Rezultate

	Ballkanizimi (i fundit)	Demokratizimi (i vonuar)	Evropianizimi (fillestar)
Procesi i ...	Komb- & Shtet-Formimit	Ndërtimit të Institucioneve Demokratike	'Shtet-Anëtar-Formimit'
Shkaqet...	Marrëdhëniet Shtet-Shtetas (mungesa e homogjenitetit etnik dhe zhvillimit)	Pasiguri e Lartë ('mënyrat' e komunizmit, roli i BE-së dhe elitave politike kombëtare)	Integrimi Evropian (Kriteret e Kopenhagën-it, programet komunitare të shkëmbimit dhe konteksti kombëtar)
Rezultati...	Dështimi i Shtetit (shpërbërja e dhunshme ose/dhe mungesa e rendit)	Keq-Qeverisja & De-industrializim (institucione të dobëta, zhvillim ekonomik jo i qëndrueshëm, korrupsion dhe krim i organizuar)	Përshtatja me Institucionet dhe Politikat Evropiane (miratim dhe zbatim i politikave të BE-së, (ri-)strukturim i institucioneve dhe ndryshim i praktikave në përputhje me standardet dhe modelet e BE-së)

'REVOLUCION I TREFISHTË': RËNDËSIA E EVROPIANIZIMIT

Sot, jo vetëm që nuk kemi një teori të vetme të tranzicionit e cila të jetë e pranuar botërisht (McFaul 2002, 215) por për më tepër zhvillimet dhe dinamikat e zhvillimeve në vendet post-komuniste nuk mund të kuptohet plotësisht pa përfshirjen e qasjeve të ndryshme teorike dhe konceptuale.

Ballkanizimi, Demokratizimi dhe Evropianizimi janë koncepte të lidhura respektivisht me procesin e komb-dhe/ose shtet-formimit, ngritjes dhe konsolidimit të institucioneve demokratike si dhe shtet-anëtar-formimit. Ato përshkruajnë më së miri proceset e transformimit dhe ri-organizimit të shoqërisë në të gjitha vendet e Ballkanit Perëndimor, dhe mund të konsiderohen si një revolucion i trefishtë. Proceset transformuese në rajon janë të ndërthurura dhe pavarësisht se mund të përputhen pjesërisht në çështje të caktuara ato përshkruajnë fenomene të ndryshme. Evropianizimi, për shembull, pavarësisht se mbivendoset në çështjet e kushtëzimit demokratik dhe ekonomik, është ende një perspektivë plotësuese e cila fokusohet në raste empirike, modele shpjeguese dhe konceptuale tepër specifike (Goetz 2001, 1037). Qasja e evropianizimit ofron një kornizë më të fokusuar konceptuale dhe teorike sepse ajo nuk është thjesht demokratizim por një ndryshim sistematik politik, ekonomik dhe social i një lloji të veçantë i cili i përshtatet kërkesave konkrete të BE-së (Agh 1998, 49). Për më tepër, komb-/shtet-formimi, konsolidimi i demokracisë apo ekonomisë së tregut duhet të kryhen përpara se të fillojë procesi i Evropianizimit. Në këtë kontekst evropianizimi mund të shihet si përfundimi me sukses ose fundi i procesit të një tranzicioni (Agh 1998, 216).

Në ndryshim nga Ballkanizimi apo Demokratizimi, studimi i transformimeve në Ballkanin Perëndimor nën kuadrin e Evropianizimit do të thotë mbi të gjitha, zhvendosjen e fokusit të hulumtimit nga procesi i komb-/shtet-formimit apo i ndryshimit të regjimit dhe ndërtimit të institucioneve demokratike drejt procesit të anëtar-shtet-formimit. Ky proces i anëtar-shtet-ndërtimit, megjithëse në gjenezën e vet dhe me ritme të ndryshme në rajon, kërkon një hulumtim më të hollësishëm dhe një studim krahasues. Studimi i Evropianizimin në Ballkanin Perëndimor ka një rëndësi pragmatike për vendet në fjalë pasi ai lidhet me zhvillimet kryesore dhe më të rëndësishme në rajon, ato të integrimit Evropian. Trashëgimia e së kaluarës, politika e brendshme konfliktuale dhe pushteti i ndërkombëtarëve kanë formësuar fuqishëm transformimet në Ballkanin Perëndimor. Është koha për të parë nga një këndvështrim tjetër se si procesi i zgjerimit ka ndikuar në formësimin dhe transformimin e strukturave shtetërore, politikës dhe politikave të brendshme në vendet e Ballkanit Perëndimor. Hulumtimi i transformimeve në Ballkanin Perëndimor përmes kuadrit teorik të zgjerimit dhe evropianizimit ofron një paketë të kompletuar analitike për të gjurmuar proceset, mekanizmat dhe rezultatet e transformimeve në Ballkanin Perëndimor të cilat rezultojnë si pasojë e procesit të integrimit të këtyre vendeve në BE.

Kutia 1: Koncepte shpjeguese që lidhen me transformimet post-komuniste

Tranzicioni = intervali midis shpërbërjes së një regjimi të vjetër dhe instalimit të një regjimi të ri
- dimensionin politik i cili mat aspektet formale të demokracisë si zhvillimi i zgjedhjeve të lira dhe të ndershme; dhe
- dimensioni ekonomik i cili mat aspekte të liberalizimit, stabilizimit dhe privatizimit

Demokratizimi =
- periudha e krijimit të institucioneve të reja të cilat do të garantojnë funksionimin e një sistemi demokratik (kalimi nga një sistem totalitar në një demokraci pluraliste dhe ekonomi të tregut); dhe
- konsolidimi i institucioneve demokratike

Shtet-formimi =
- i lidhur me krijimin dhe konservimin/ruajtjen e njësisë politike, shtetin
  ...
- në fazat e mëtejshme të shtet-formimit, kemi kryesisht krijimin e një identifikimi pozitiv të qytetarëve me shtetin

Shtet-Anëtar-formimi (Knaus dhe Cox 2005)= formë e 'ndryshimit të regjimit' në stilin e BE-së i cili është i lirë, vullnetar dhe rrjedhimisht i qëndrueshëm
- ka të njëjta qëllime si shtet-formimi (p.sh forcimi i demokracisë, promovimi i sundimit të ligjit, reformimi i administratës publike dhe përmirësimi i cilësisë së qeverisjes ekonomike), por përdor qasje dhe instrumente rrënjësisht të ndryshme prandaj prodhon edhe rezultate shumë të ndryshme.
- formë shumë më e sofistikuar e ndërtimit të institucioneve e aplikuar vetëm në vendet që janë pranuar zyrtarisht si vende kandidatë për anëtarësim në BE
- modeli i ndërtimit të shteteve anëtare evropiane ka kryer transformime revolucionare në rastin e EQL: një revolucion administrativ, një proces i konvergjencës sociale dhe ekonomike, dhe një ndryshim në substancën dhe proceset e qeverisjes demokratike

2

KORNIZA KONCEPTUALE DHE TEORIKE MBI ZGJERIMIN DHE EVROPIANIZIMIN

> Studime të mëparshme në vendet e EQL, atëherë vende kandidate, *kanë konfirmuar lidhjen jashtëzakonisht të rëndësishme dhe të fortë mes zgjerimit dhe evropianizimit* (Schimmelfennig dhe Sedelmeier 2005b, 221).

Transformimet dhe zhvillimet e fundit në Ballkanin Perëndimor, të lidhura ngushtë me procesin e integrimit Evropian, kërkojnë edhe një zhvendosje në axhendën e hulumtimeve për sa i përket studimit të transformimeve të brendshme në vendet e Ballkanit Perëndimor. Dy janë fazat kryesore për sa i përket hulumtimit të integrimit Evropian në vendet potencialisht shtete-anëtare. Faza e parë ka të bëjë me studimin e *politikës së zgjerimit evropian*[11] dhe analizon procesin i cili çon drejt anëtarësimit; ndërsa faza e dytë e studimit ka të bëjë me *ndikimin e zgjerimit evropian* dhe analizon efektet e brendshme që shkakton procesi i zgjerimit evropian (Schimmelfennig dhe Sedelmeier 2005c, 6-9). Faza e parë e hulumtimit është ontologjike dhe konsiston në analizimin e incentivave të zgjerimit evropian, ajo i përgjigjet pyetjes *pse* dhe *si* ndodh zgjerimi; ndërsa faza e dytë është një hulumtimi post-ontologjike dhe ka të bëjë me efektet e procesit të zgjerimit evropian, ajo i përgjigjet pyetjes *sa* dhe në *çfarë mënyre* procesi i zgjerimit

---

[11]*Politika e zgjerimit evropian* mund të ndahet më tej në politikë të shtetit aplikant, të shteteve anëtare ose të vetë Bashkimit Evropian.

evropian transformon vendet potencialisht shtete-anëtare.[12] Në këtë këndvështrim, zgjerimi analizon dhe përpiqet të kuptojë pse shtetet kërkojnë të transferojnë pushtetin e tyre drejt një qendre të re mbi-kombëtare si dhe pse kjo qendër mbi-kombëtare kërkon të pranojë këto vende; çfarë transformime kërkohen nga të dy palët, si BE-ja[13] ashtu edhe vendet kandidate, për t'ia arritur qëllimit. Ndërsa Evropianizimi, në rastin e vendeve kandidate, analizon efektet e procesit të zgjerimit.

Zgjerimi dhe evropianizimit nuk janë teori në vetvete, por fenomene politike që kanë nevojë të mirë-përcaktohen dhe shpjegohen. Nuk ekziston një teori e vetme, gjithëpërfshirëse, e cila të mund të shpjegojë fenomenin e zgjerimit dhe atë të evropianizimi. Pavarësisht studimeve të fundit teorike, të përfaqësuar kryesisht nga Schimmelfennig dhe Sedelmeier, ato janë ende larg zhvillimit të një teorie të plotë e cila të na mundësojë të kuptojmë natyrën gjithëpërfshirëse dhe ndikimin e zgjerimit të BE-së (Miles 2004, 264). Prandaj, në mënyrë që të përshkruajmë dhe të shpjegojmë këto dukuri politike do të na duhet të shtjellojmë në fillim kuadrin konceptual dhe atë teorik të Zgjerimit dhe Evropianizimit.

ZGJERIMI DHE EVROPIANIZIMI: DISA SQARIME MBI KONCEPTET

Kuadri konceptual dhe teorik i zgjerimit dhe evropianizimit në vendet kandidate janë zhvilluar vetëm kohët e fundit me zgjerimi e BE-së drejt Evropës Qëndrore, pavarësish se zgjerimi i Bashkimit Evropian daton shumë më herët dhe ka qenë një fenomen i përsëritur. Zgjerimi i parë daton që në vitin 1973 me tre vendet të Evropës veriore, Danimarkën,

---

[12] Rreth argumentimit të zgjerimit evropian si një fazë hulumtuese ontologjike dhe evropianizimi si fazën e saj post-ontologjike për vendet kandidate shih (H. Grabbe 2003, 309 - 310), e cila bën një analogji me të njëjtin argument që (Radaelli 2000) përdor për evropianizimin në shtetet anëtare si fazë hulumtuese post-ontologjike, e ndryshme nga faza ontologjike e integrimit evropian. Thelbi i këtij ndryshimi këtu është se evropianizimi nuk do të mund të ekzistonte pa integrimin, apo zgjerimin evropian në rastin e vendeve potencialisht shtete-anëtare.

[13] Nën ombrellën e përgjithshme të BE-së përfshihen edhe preferencat e shteteve-antëtare si dhe opinioni publik.

Irlandën dhe Mbretërinë e Bashkuar, të cilat aderuan në Komunitetin e atëhershëm Evropian. Për të vazhduar më pas me shtrirjen në Evropën jugore në vitet 1981-83 me tre vendet e Mesdheut (Greqinë, Spanjën dhe Portugalinë). Në vitin 1995, tre vende të konsideruar si 'raste të lehta', Austria, Suedia dhe Finlanda, iu bashkëngjitën Unionit. Ajo që u quajt si 'Big Bang-u' i zgjerimit Evropian ishte anëtarësimi i dhjetë vendeve të Evropës Lindore dhe dy ishujve të Mesdheut, ku në vitin 2004 Letonia, Lituania, Estonia, Polonia, Hungaria, Çekia, Malta, Qipro, Sllovakia, Sllovenia dhe në vitin 2007 Rumania dhe Bulgaria u bënë anëtare të Bashkimit Evropian. Së fundmi, nga vendet e Ballkanit Perëndimor, Kroacia u anëtarësua në vitin 2013. Vendet e tjera të Ballkanit Perëndimor, janë në proces anëtarësimi (për detajet e statusit aktual të vendeve të BP shih seksionin: Statusi i Marrëdhënieve të BE-së me Vendet e BP në Optikën e Politikës së Zgjerimit). Turqia, gjithashtu ka aplikuar në 1987, kurse Zvicra ka aplikuar në Maj 1992 dhe e refuzoj anëtarësimin me referendum. Norvegjia gjithashtu ka aplikuar 3 herë dhe të tre herët e ka rrëzuar anëtarësinë me referendum (1961, 1972, 1992).

Kutia 2: Historiku i Zgjerimit Evropian

1952 -1958	Krijimi i BE-së nga 3 vende të Mëdha dhe 3 vendet e Vogla Evropiane (Franca, Gjermania, Italia, Belgjika, Hollanda dhe Luksenburgu)
1973	Zgjerimi në Veri të Evropës me 3 vende të tjera (Danimarka, Irlanda dhe Mbretëria e Bashkuar)
1981; 1983	Zgjerimi në Jug të Evropës me 3 vendet e Mesdheut (Greqia, Spanja dhe Portugalia)
1995	Zgjerimi i 'Lehtë' me 3 Vendet e Shoqatës Evropiane për Tregti të Lirë (EFTA) (Austria, Suedia, Finlanda)
2004; 2007	'Big bang-u' Zgjerimi në Lindje të Evropës me 10 vende (Bulgari, Çekia, Estoni, Hungari, Letoni, Lituania, Malta, Poloni, Qipro, Rumani, Sllovakia, dhe Sllovenia)
2013	Zgjerimi në Ballkanin Perëndimor (Kroacia)

Para anëtarësimit të vendeve nga Evropa Qëndrore, procesi i zgjerimi nuk trajtohej si një fenomen i lidhur me procesin e integrimit, por shihej më tepër si një episod (apo seri episodesh) të cilat i ngjanin në një farë mënyre vetë procesit, atij të një ngjarjeje sporadike në historinë e integrimit të BE-së (Schimmelfennig dhe Sedelmeier 2005c, 3). Vetëm pas përfundimit të Luftës së Ftohtë, atëherë kur zgjerimi u vendos si një politikë e përhershme në axhendën e BE-së, u ndërmorën një numër i rëndësishëm studimesh me qëllim për të trajtuar dhe vendosur zgjerimin e BE-së dhe ndikimin e tij në një kontekst më të përgjithshëm teorik të studimeve Evropiane.

Zgjerimi dhe Konteksti i Integrimit

Qasjet klasike të studimit të integrimit Evropian vetëm sa e përmendnin 'rritjen' gjeografike të BE-së duke e konceptuar zgjerimin thjesht si një zgjerim territorial të shtimit të numrit të shteteve të reja në komunitet (Schimmelfennig dhe Sedelmeier 2005c, 3-4) pa e trajtuar zgjerimin si një faktor qartësisht të identifikueshëm dhe të rëndësishëm në ndryshimet aktuale politike. Sot, zgjerimi nuk mund të trajtohet më si një fusnotë në studimin e integrimit evropian (J. Zielonka 2006, 3). Historiku tregon se çdo raund zgjerimi ka pasur një ndikim të madh në procesin e integrimit (Torreblanca 2005, 19). Vetë procesi i integrimit evropian ka evoluar në mënyrë drastike përgjatë viteve, ku 'thellimi' dhe 'zgjerimi' kanë qenë dy çështjet më të rëndësishme për ndërtimin e ardhshëm të Bashkimit Evropian. Veçanërisht në fillim-vitet '90 fokusi i Komunitetit Evropian ishte jo vetëm 'thellimi' i integrimit evropian nëpërmjet Aktit Unik Evropian, projektit të tregut të përbashkët dhe Traktatit të Mastriht-it, por në të njëjtën kohë edhe 'zgjerimi' i komunitetin duke lejuar çdo komb demokratik të Evropës për të qenë vend potencialisht shtet-anëtar (Fierke dhe Wiener 1999, 721-722). Me evoluimin e mëtejshëm të BE-së, edhe dallimi midis tre dimensioneve kryesore të integrimit u bë më i qartë dhe mori kuptime të mirë-përcaktuara në procesin e integrimit evropian. Schimmelfennig dhe Rittberger (2006) bëjnë dallimin midis: *Integrim sektorial* (ose 'gjithë-përfshirja') i cili i referohet procesit ku sektorët e politikave, më parë të qeverisur ekskluzivisht në nivel kombëtar, rregullohen (pjesërisht ose ekskluzivisht) nga BE-ja; *Integrimi vertikal* (ose 'thellimi') i referohet shpërndarjes së kompetencave ndërmjet institucioneve të BE-së në sektorët e integruar të politikave. Integrimin vertikal ndodh kur kompetencat e mëparshme kombëtare i kalojnë të gjitha shteteve-anëtare të BE-së (p.sh. ndryshimet nga e drejta e vetos në vendimmarrjen me shumicë të kualifikuar) ose i delegohen institucioneve autonome mbi-kombëtare të BE-së; *Integrim horizontal* (ose 'zgjerimi') i referohet zgjerimit territorial të integrimit sektorial dhe atij vertikal. Integrimi vertikal dhe gjithëpërfshirës i referohet rritjes së nivelit të thellimit, si dhe zgjerimit të fushëveprimit të kompetencave të BE-së dhe kjo mund të krahasonte me 'federalizimin'e tipareve ekzistuese politike, institucionale dhe kushtetuese të BE-së. Komuniteti Evropian nga një bashkim doganor, treg i përbashkët dhe zonë e euros, është zhvilluar në një bashkim gjithnjë e më të ngushtë politik midis popujve të Evropës (neni 1 Traktati i BE-së).

Nga ana tjetër, termi *zgjerim* ka evoluar dhe nuk është më thjesht një shtim numerik shtetesh në strukturën institucionale dhe procedurat vendimmarrëse të BE-së duke zgjeruar zonën gjeografike. Zgjerimi përshkruan, gjithashtu ndryshime cilësore thelbësore brenda procesit të integrimit evropian dhe i referohet rritjes *në fushëveprim* dhe *nivel* të integrimit evropian në aspektin e ndërtimit të institucioneve, legjitimitetit demokratik dhe politikave evropiane (Faber dhe Wolfgang 2006, 1-3). Ndryshe nga raundet e mëparshme të zgjerimit, shtrirja e BE-së në Evropën Lindore i ka transformuar në mënyrë rrënjësore institucionet e bashkësisë Evropiane (Fierke dhe Wiener 1999, 722).

Pra, integrimi horizontal dhe sektorial (thellimi dhe gjithë-përfshirja) është një proces që shkon krah për krah me Integrimin horizontal (zgjerimin) dhe shpesh, shikohet si një hap i nevojshëm përpara zgjerimit. Pas *'big bang-ut'*, zgjerimit të BE-së në vitin 2004, ka një debat mbi ndikimin e procesit të zgjerimit në vetë integrimin Evropian, ku zgjerimi shpesh shihet si ngadalësues i integrimit.

Kutia 3: Koncepti i Integrimit dhe Zgjerimit Evropian

Integrimi Evropian është një proces në të cilin (a) fusha të reja të politikave rregullohen pjesërisht ose ekskluzivisht në nivel të BE-së (integrimi sektorial); (b) kompetencat janë gjithnjë e më të shpërndara në vendet anëtare të BE-së ose i delegohen institucioneve autonome mbikombëtare (integrimi vertikal); c) BE zgjerohet territorialisht duke pranuar anëtarë të rinj (integrimi horizontal) (Schimmelfennig dhe Rittberger 2006, 71)

Integrimi vertikal (Thellimi i BE-së) është procesi ku aktorët politik të vendeve shtete-anëtare 'binden' për të kaluar pushtetin, pritshmëritë dhe aktivitetet politike drejt një qendre të re, institucionet e të cilit posedojnë juridiksion mbi shtetet-anëtare. Rezultat i ketij procesi të integrimi politik është një komunitet i ri politik, i cili i mbivendoset shtetit ekzistues (Haas 1968, 16).

Integrimi horizontal (Zgjerimi i BE-së) është procesi i institucionalizimit horizontal në mënyrë graduale dhe formale i normave dhe rregullave të BE-së.

Institucionalizimi ka të bëjë me krijimin e marrëdhënieve të veçanta institucionale (p.sh. procesi i Stabilizim Asociimit)... *horizontale* (vs. vertikale) d.m.th institucionet dhe politikat shtrihen përtej vendeve anëtare (p.sh. vendet kandidate si Shqipëria)... *formale* nëpërmjet marrëveshjeve (p.sh. MSA - Marrëveshja e Stabilizim Asociimit)... dhe *graduale* d.m.th. fillojnë para anëtarësimit dhe vazhdon edhe me pas kur vendi është bërë shtet-anëtar (Schimmelfennig dhe Sedelmeier 2005c, 5).

Zgjerimi si proces i transformimeve të dyfishta

Në terma të përgjithshme, zgjerimi i një organizate mund të përcaktohet si një proces i institucionalizimit horizontal në mënyrë graduale dhe formale të rregullave dhe normave të organizatës, ku institucionalizimi horizontal nënkupton se institucionet dhe politikat mund të përhapen përtej shteteve-anëtarë të BE-së (Schimmelfennig dhe Sedelmeier 2005c, 5). Schimmelfennig dhe Sedelmeier nuk e përjashtojnë mundësinë që normat dhe rregullat të përhapen përtej kufijve të organizatës, jo vetëm tek vendet aspirante si në rastin e Ballkanit Perëndimor por edhe në rastin e shteteve të cilat nuk kanë qëllim anëtarësimin si p.sh. vendet e fqinjësisë evropiane.

Përcaktimi i zgjerimit si një *proces* dhe jo thjesht si një ngjarje, nënkupton transformim. Në këtë këndvështrim, është i pritshëm ndryshimi jo vetëm për vendet kandidate por edhe për vetë BE-në pasi të dy palët duhet jo vetëm të ndajnë të njëjtat vlera dhe norma, por edhe të jenë të gatshëm dhe të aftë për tu qeverisur nga të njëjtat institucione. Për sa i përket palës kërkuese, - vendit kandidat i cili kërkon anëtarësimin, - transformimi ka të bëjë para së gjithash me përmbushjen e kritereve të Kopenhagën-it, pra ndërtimin e një demokracie liberale dhe ekonomie të lirë të tregut, si dhe aftësinë për të adaptuar të gjitha *acquis* e BE-së.[14] Zbatimi i të gjithë kërkesave të BE-së kërkon reforma të thella të brendshme në shumë çështje dhe sektorë të ndryshëm. Sa më shumë një vend kandidat mundohet të përafrojë legjislacionin dhe politikat me standardet e BE-së, aq më e madhe është mundësia e këtij vendi për t'u pranuar në Bashkimin Evropian. Për sa i përket palës ofruese, - Bashkimit Evropian, - është e nevojshme që institucionet e BE-së të transformohen më tej në mënyrë që BE-ja të jetë në gjendje të funksionojë në mënyrë efektive kur shtetet-anëtare të reja ti bashkohen BE-së. Edhe pse zgjerimi i BE-së drejt vendeve të Evropës Qëndrore transformoj në mënyrë thelbësore institucionet e BE-së ende ka nevojë për reforma institucionale dhe financiare të cilat do ta lejojnë BE-në të vazhdojë të zgjerojë anëtarësinë në vendet e Ballkanin Perëndimor. Nevoja për reforma thelbësore përpara se të ndodhin zgjerime të tjera citohet edhe në raportet zyrtare të institucioneve të BE-së.[15]

Edhe pse asimetrike, këto transformime janë të nevojshme të ndodhin në të dy kahet. Në anën e kërkuesit ndryshimi mund të shihet

---

[14] Përveç kritereve të Kopenhagenit, kritere të tjera shtesë në lidhje me kapacitetet administrative u vendosën nga Këshilli Evropian i Madridit në dhjetor 1995.

[15] Konkluzionet e Presidencës Austriake të Baskimit Evropian (15-16 qershor 2006) theksuan se është e rëndësishme që të sigurohet në të ardhmen se Unioni është në gjendje të funksionojë politikisht, financiarisht dhei nstitucionalisht kur ai të zgjerohet më tej (Council of the European Union 2006, 18, paragrafi 53).

si gati-mekanik pasi procesi i transformimeve është rrjedhojë e zbatimit rutinë të kritereve standarde për anëtarësim (Olsen 2002, 927). Ndërsa në anën e ofruesit, ndryshimet janë më shumë të qëllimshme. Transformimet për të dy palët janë të karakterit politik dhe teknik. Për vendet aplikante, transformimet variojnë nga ndryshimet politike të cilat lidhen me ndërtimin e një demokracie liberale në ndryshime më teknike si përafrimi i legjislacionit dhe zbatimi i politikave të BE-së. Për BE-në, sfida politika konsiston në zhvillimin e mëtejshëm të integrimit të Bashkimit Evropian (pas krizës ekonomike dhe asaj të refugjatëve, apo edhe BREXIT-it diskutimet për integrimin evropian janë intensifikuar duke marrë në konsideratë të gjitha opsionet e mundshme të zhvillimeve në BE si p.sh. ruajtja e *status quo-së*, integrim me dy shpejtësi për vendet që duan të përparojnë, apo integrim gjithnjë e më i madh i gjithë bashkimit)[16] ndërsa ndryshimet më teknike, në lidhje me zgjerimin, kanë të bëjnë me modifikime proceduriale në mënyrë që institucionet e BE-së të funksionojnë efektivisht kur të rritet numri i vendeve anëtare (p.sh kuorumi për miratimin e ligjeve në Këshill, shpërndarja e numrit të Eurodeputetëve për çdo vend, etj.).

Transformimet e domosdoshme dhe të mjaftueshme për zgjerimin

Zgjerimi Evropian është një proces marrëdhëniesh kontraktuale midis BE-së dhe shteteve aplikues, i cili përpara se të finalizohet ushtron presion për transformime tek të dy palët: si tek vendet kandidate ashtu edhe tek vetë BE-ja.

Për vendet aplikante, përputhshmëria me rregullat dhe normat e BE-së është një parakusht i domosdoshëm për anëtarësimin në BE. Gjithsesi, jo të gjitha kushtet e BE-së kërkohen të plotësohen përpara se

---

[16] Në mars 2017 Komisioni Evropian paraqiti dokumentin me pesë skenarë për mënyrën se si BE mund të zhvillohet në varësi të vullnetit politik që ai do të zgjedhi. Skenarët e mundshëm janë ose të vazhdojë me axhendën aktuale, ose të përqëndrohet vetëm në tregun e përbashkët, ose ata që duan më shumë integrim të përparojnë më shumë, ose të bëhet më pak me më shumë efikasitet, ose të bëhet akoma më shumë së bashku, Shih (European Commission 2017).

një vend aspirant të ftohet për të filluar negociatat e anëtarësimit. Parakusht i fillimit të negociatave për anëtarësim janë kushtëzim politik, të paturit e institucioneve të qëndrueshme demokratike dhe respektimin e të drejtave të njeriut dhe të pakicave. Një studim empirik gjeti se BE-ja në mënyrë konsistente e ka kufizuar progresin e një vendi aspirant drejt anëtarësimit me progresin e arritur në përmbushjen e kushtëzimeve politike (F. Schimmelfennig 2008). Për Ballkanin Perëndimor kjo do të thotë se pa u përmbushur kushtet politike të BE-së, vendet e rajonit nuk do mund të marrin statusin kandidat apo për më tepër të fillojnë negociatat për anëtarësim. Në periudhën e negociatave kushtet më të rëndësishme që do të duhet të plotësohen janë përshtatja me legjislacionin dhe politikat e BE-së. Çdo avancim drejt përmirësimit të statusit të tyre drejt anëtarësimit do të varet në radhë të parë në progresin e arritur të vendeve aspirante në përputhje me kërkesat e BE-së. Gjithsesi, arritjet e konsiderueshme në transformimet politike dhe administrative të vendeve aplikante janë vetëm një kusht i domosdoshëm, por jo i mjaftueshëm për t'u bërë shtet anëtar.

Në mënyrë që anëtarësimi të ndodhë, përveç transformimeve të nevojshme nga ana e shteteve kandidate nevojiten edhe transformimet e vetë Bashkimit Evropian. Në sferën politike, integrimi i mëtejshëm dhe kapaciteti absorbues i BE-së janë sfidat kryesore. Përballja me krizën ekonomike, përshpejtimi (konsolidimi) i integrimit apo 'absorbimi' i zgjerimit në vendet e Evropës Qëndrore janë çështje të cilat duhet të zgjidhen përpara se të avancohet me zgjerimin e mëtejshëm në vendet e tjera të Ballkanit Perëndimor. Çështja e absorbimit të vendeve të Evropës Qëndrore u soll si argument 'frenues i zgjerimit' në takimin e BE-së në Salzburg, ku për herë të parë 'BE-ja vëren se kapaciteti absorbues i saj duhet të merret parasysh' (Council of the European Union 2006). Për më tepër, refuzimi i kushtetutës së BE-së nga referendumi franceze dhe ai holandez në vitin 2005 dhe refuzimi i mëvonshëm irlandez i versionit të rishikuar, dalja e Britanisë që pritet të ndodhë në 2019 (Brexit-it) dhe çështje të tjera madhore të brendshme të BE-së përbëjnë pengesa serioze politike jo vetëm ndaj integrimit të mëtejshëm të BE-së por për më shumë edhe kundër zgjerimeve të mëtejshme. Në një këndvështrim më teknik, ristrukturimi i institucioneve dhe politikave të BE-së është e nevojshme përpara çdo anëtarësimi të ri, aq më tepër kur një numër i madh vendesh do të duhet ti bashkëngjiten Unionit. 'Përshtatja graduale e kufizuar' e strukturave institucionale me 'premtimin e një rishikimi më themelor pas zgjerimit' është një nga principet e 'metodës klasike komunitare' të zgjerimit të BE-së (Preston 1995, 455). BE-së i duhet të transformojë institucionet e veta në mënyrë të tillë që një zgjerim i mundshëm drejt vendeve të tjera të Ballkanit Perëndimor të mos cenojë integrimin dhe funksionimin e saj të mëtejshëm. Përllogaritjet mbi ndikimin e anëtarësimit të mundshëm të vendeve të Ballkanit Perëndimor në votimin brenda Këshillit Evropian të Ministrave tregojnë se në qoftë se vendet e Ballkanit Perëndimor do ti ishin bashkuar Unionit me rregullat e vendimmarrjes të parashikuara nga Traktati i Nisë-s, produktiviteti dhe efikasiteti i Bashkimit Evropian do të përkeqësohej më tej, përtej nivelit aktual të ulët të vendimmarrjes (probabiliteti i vendimmarrjes në rastin e BE-së me 33 shtete, do të ishte 1.94% nga 2.95% në rastin e BE-së me 27 vende); ndërkohë nën rregullat e Traktatit të Reformuar anëtarësimi i vendeve të Ballkanit Perëndimor nuk do të ketë ndikim të madh në efikasitetin e përgjithshëm dhe aftësinë e BE-së për të marrë një vendim (Mylona 2007).

Pra, për çdo vend kandidat është e nevojshme që ai të ketë arritur normat dhe vlerat e një demokracie liberale si dhe të miratojë dhe zbatojë legjislacionin e BE-së. Në mënyrë që ai vend të anëtarësohet me të drejta të plota, përveç transformimeve të tij, është i nevojshëm vullneti politik dhe gatishmëria teknike e vetë BE-së. Prandaj anëtarësimi nuk varet vetëm në përgatitjen e vendit kandidat, por më shumë do të varet në situatën sesi vetë BE-ja do të zhvillohet (H. Grabbe 2003, 11). Përputhshmëria me kërkesat e BE-së është kusht i domosdoshëm por nuk është i mjaftueshëm për të siguruar anëtarësimin. Faktori kyç është situata e brendshme politike dhe institucionale e BE-së, d.m.th. BE-ja do të duhet të ketë vullnetin dhe kapacitetin për të pranuar anëtarë të rinj dhe se dyti zgjerimi nuk do të jetë në 'dëm' të integrimit të mëtejshëm Evropian (K. Smith 1999, 118).

Figura 1: Zgjerimi si proces... dhe Anëtarësimi si rezultat final

Pala Kërkuese   Pala Ofruese

(vendet kandidate)   (BE-ja)

Motivimet

Incentivat e prekshme (ekonomike dhe siguria)

dhe ato jo-materiale (argumentet normative)

Oportunitet për Zgjerimin

Transformime

Demokratizim i   ← të karakterit politik →   Integrim më i madh
qëndrueshëm

Pajtueshmëria me *Acquis* e   ← të karakterit teknik→   Përshtatja
BE-së   institucionale

<u>**Hapat e Institucionalizimit**</u>

(do të varet nga lloji i motivimeve dhe shkalla e transformimeve)

Raporti i Vizibilitetit (n.q.s. pozitiv)

Negociatat, Përmbyllja dhe Hyrja në Fuqi e MSA-së

(raportet vjetore të Komisionit rreth progresit)

Aplikimi për anëtarësim (n.q.s. pozitiv)

Negociatat për Anëtarësim dhe Përmbyllja e tyre

(Traktati i) Anëtarësimit

Të gjithë transformimet e nevojshme politike dhe teknike janë gradualë dhe kërkojnë kohë në varësi të kushteve të brendshme të secilës nga palët e përfshira në proces. Kompleksiteti i procesit të zgjerimit, ku dinamika e transformimit është e ndërsjellët, është një arsye se pse zgjerimi në vendet e mbetura të Ballkanit Perëndimor apo edhe përcaktimi i një date për anëtarësim mund të vonojë. Në rast se një prej kushteve të parashtruara nuk plotësohet, ka pak gjasa që anëtarësimi të ndodhë. Shembulli më tipik është rasti i Turqisë, apo edhe ai i Bullgarisë dhe Rumanisë, ku 'shtyrja' e anëtarësimit ishte një mënyrë për të mbajtur ritmin e reformave (Steunenberg dhe Dimitrova 2007, 9). Ky proces i ri-shikimit të marrëdhënieve institucionale në varësi të progresit të arritur i jep zgjerimit një formë ciklike, ku anëtarësimi arrihet vetëm në qoftë se transformimet në nivel politik dhe atë teknik në të dy kampet janë plotësuar, në të kundërt kemi përditësim të marrëdhënieve dhe etapave.

Evropianizimi si Ndikim i Zgjerimit

Evropianizimi, në terma të përgjithshëm, i referohet transformimeve të brendshme të shkaktuara nga Evropa. Përdorimi më rigoroz i termit Evropianizim lidhet ngushtë me ndikimin e procesit të integrimit evropian, në rastin e vendeve kandidate duhet kuptuar si ndikim i procesit të zgjerimit të BE-së.[17] Studiuesit e Evropianizimit në rastin e shteteve anëtare e kanë bërë të qartë se për të përshkruar Evropianizimin kërkohet një vështrim më i thellë në dinamikën e procesit të integrimit evropian (Vink 2002, 7-8); ndërsa në rastin e vendeve kandidate, evropianizimi ka qenë në mënyrë të qartë i lidhur me ndikimin e procesit të zgjerimit. Për rrjedhojë, Evropianizimi i vendeve potencialisht shtete-anëtare të Ballkanit Perëndimor duhet të kuptohet si ndikimi i procesit të zgjerimit të BE-së. Një mënyrë e tillë e konceptimit të Evropianizimit, si ndikim i procesit të zgjerimit të BE-së, është në përputhje edhe me konceptualizimin e përgjithshëm të Evropianizimit në vendet shtete-anëtare të BE-së ku transformimet e brendshme i atribuohen procesit të integrimit evropian, dhe për analogji, procesit të zgjerimit në rastin e vendeve potencialisht shtete-anëtare.

---

[17] Për një diskutim rreth përdorimit të Evropianizimit si koncept i ndryshimeve më gjithpërfshirëse pas viteve 1989 në vendet e Evropës Qëndrore shih (A. L. Dimitrova 2005, 74-75).

Kutia 4: Koncepti i Evropianizimit

Evropianizimi është një fenomen i cili shfaq atribute të ngjashme ose identifikohet ngushtësisht me Evropën (Featherstone 2003, 3). Në këtë kuptim mund të flasim për evropianizimin kur 'diçka' e sistemit të brendshëm politik është influencuar nga diçka Evropiane (Vink 2002, 1). Në terma të përgjithshëm, Evropianizimi nënkupton 'impaktin e integrimit evropian në proceset e brendshme politike' (Börzel dhe Risse 2003, 57), dhe në terma më të detajuar, evropianizimi konceptohet si proces i 'shkarkimit' të direktivave rregullatore dhe strukturave institucionale në nivel kombëtar.

Nocioni i Evropianizimit është përdorur gjerësisht për të përshkruar një shumëllojshmëri transformimesh dhe ndryshimesh që përfshijnë dhe kanë lidhje me politikën Evropiane. Sferat e impaktit të integrimit Evropian përfshin diskursin, strukturat politike dhe politikat publike. Hulumtimet e Evropianizimit studiojnë efektet e integrimit Evropian jo vetëm në komponentët objektivë por edhe ato kognitivë të politikës. Evropianizimi konceptohet si një proces i dyfishtë, ku integrimit evropian formëzon politikën, politikat dhe diskursin e brendshme, ndërkohë që vetë shtetet-anëtare formëzojnë trajektoren e integrimit Evropian në mënyrë të tillë që ti përshtatet sa më mirë interesave të veta kombëtare. Kjo e bën konceptin e Evropianizimit më kompleks për sa i përket marrëdhënieve kauzale të cilat nuk janë një-kaheshe por të ndërvarura.

Ka disa përkufizime të konceptit të Evropianizimit, kjo pasi përdorimi i nocionit të Evropianizimit ka aplikim në fusha të ndryshme të shkencave politike dhe për rrjedhojë studiues të ndryshëm bazohen dhe përdorin përkufizime të cilat i përshtaten çështjeve që ata hulumtojnë. Gjithsesi, një përkufizim rigoroz dhe gjithëpërfshirës është dhënë nga Radaelli (2004, 3), sipas të cilit *Evropianizimi konsiston në procesin e a) ndërtimit, b) difuzionit dhe c) institucionalizimit të rregullave formale dhe joformale, procedurave, modeleve të politikave, stileve, 'mënyrës së të bërit të gjërave' dhe të normave të përbashkëta, të cilat janë të përcaktuara dhe të konsoliduara me përpara në procesin e politik-bërjes në BE dhe më pas inkorporohen në logjikën e diskursit, strukturave politike dhe politikat publike të vendeve shtete-anëtare.*

Çfarë evropianizohet... dhe sa?

Për Hix dhe Goetz (2000, 27) Evropianizimi është ndryshimi i praktikave kombëtare institucionale dhe politikave të cilat mund t'i atribuohet integrimit evropian. Në një kontekst më të gjerë, ndikimi evropian mund të gjendet në përkufizimin e Radaellit (2000, 4), i cili flet për evropianizim të 'diskursit të brendshëm, identitetit, strukturave politike dhe politikat publike'. Ky konceptualizim i gjerë mbi Evropianizimin thekson një aspekt shumë të rëndësishëm të ndikimit, pasi ndryshimet priten jo vetëm në politikat publike dhe strukturat institucionale të sistemit politik, por edhe në diskursin dhe identitetin e aktorëve vendorë. Börzel dhe Risse (2003), theksojnë: Politeia-n, Politikën dhe Politikat, si tre fushat kryesore të hapësirës politike ku duhet të kërkojnë ndikimin e brendshëm të evropianizimit. Në një analizë më dinamike, Radaelli (2004, 7) argumenton se 'në vend të ndarjes në të tre fushat e politikës, studiuesit mund të hulumtojnë marrëdhëniet dinamike ndërmjet ndryshimit të politikave dhe strukturave makro-institucionale'. Gjithsesi, nëse analizojmë efektin e evropianizimit duhet të kemi parasysh se cila është fusha specifike ku kërkojmë për efekte të mundshëm, si dhe nëse këto efekte janë të formës komunikative, legjislative apo ndryshime institucionale. Kur studiojmë efektin e evropianizimit në kuptimin më të gjerë, duhet të kemi parasysh jo vetëm efektet ligjore apo rezultatet e politikave por edhe çdo efekt të mundshëm që mund të ketë qenë në formën e diskursit ose ndryshimeve strukturore. Siç e vë në dukje edhe Radaelli dhe Pasquier (2007, 37) 'proceset e politikave të BE mund të çojnë në politika dhe legjislacion, por në disa raste ato mund të jenë shumë konfliktuale dhe nuk mund të përfundojnë me miratimin e ndonjë politike të BE; megjithatë, ato ende mund të prodhojnë efekte mbi politikën e shteteve'. Në studimin e evropianizimit mund të konsiderojmë në detaje çështje specifike brenda njërit prej tre komponentëve të ndryshimit të mundshëm në hapësirën e brendshme politike (politeia, politika dhe politikat) ose mund të ndërmarrim një analizë më dinamike ku ndryshimet e politikave shoqërohen me ndryshime institucionale. Një shembull i kësaj të fundit është institucionalizimi i *acquis* të BE-së në nivel kombëtar të vendeve kandidate (shih seksionin: Përputhshmëria me *Acquis*-në e BE-së). Duke analizuar institucionalizimin e *acquis* në nivel kombëtar, ne përfshijmë jo vetëm fushën e evropianizimit të politikave si transpozim të ligjeve të BE-së në të drejtën kombëtare, por edhe ristrukturimin e institucioneve dhe ndryshimin e praktikave politike kombëtare sipas standardeve të BE-së.

Por si mund të jemi të sigurt që ka evropianizim të politeia-s, politikës, politikave publike apo institucioneve? Duke përcaktuar vetëm se çfarë evropianizohet (fushën e evropianizimit) nuk mjafton pasi duhet të përcaktojmë edhe deri në çfarë shkalle këto fusha janë evropianizuar. Studimet tregojnë që konvergjenca, si një tregues i rezultatit të Evropianizimit, nuk është një indikator i mundshëm. Gjithashtu, preferohet një identifikim më i hollësishëm i 'shkallës dhe llojeve të rezultateve' të Evropianizimit në vend të një përgjigje të thjeshtë 'po' ose 'jo'. Studiuesit kanë përdorur matje të ndryshme për të kualifikuar ndryshimin.[18] Por tre çështje kryesore janë të rëndësishme në matjen e evropianizimit: *shkalla* (shkalla e ndryshimit e vlerësuar si e pjesshme ose e plotë apo e ulët ose e lartë), *kahu* (i matur si pozitiv ose negativ) dhe *forma* e ndryshimit (si komunikative/diskursiv, formale ose e sjelljes). Në mënyrë që mund të kemi një vlerësim sa më të plotë do të duhet të konsiderojmë si kahun e ndryshimit nëse ai ka qenë pozitiv apo negative, shkallën e këtij ndryshimi nëse ka qenë e plotë, e pjesshme apo nuk ka pasur aspak ndikim, si dhe nëse këto ndryshime kanë qenë të karakterit komunikativ në diskurs, formal në

---

[18] Radaelli (2000, 15-16) konsideron dy çështje për matjen e evropianizimit, së pari *drejtimin* (d.m.th. nëse ndryshimi është pozitiv apo negativ në sensin më pak 'evropian' sesa ishte më parë) dhe *shtrirjen* (madhësinë e ndryshimit, sa shumë është evropianizuar). Bazuar në këtë logjikë ai dallon 4 tipe rezultatesh të mundshme (inercinë, absorbimin, transformimin, pakësimin). Një klasifikim paksa i ndryshëm i rezultatit (absorbim, akomodim dhe transformim) është përdorur nga Börzel dhe Risse (2003, 69-73). Klasifikimi i ndikimit në vendet kandidate konsideron dy çështje, *mundësinë* (shkalla e ndryshimit) dhe *format* e ndryshimit (ndryshimet formale, të sjelljes dhe të komunikimit ose diskursit) (Schimmelfennig dhe Sedelmeier 2005a, 7-8).

letër apo të sjelljes praktike.[19] Sigurisht, ndikimi në sjelljen praktike është një çështje shumë më komplekse e cila përfshin një numër më të madh aktorësh në nivel politik, administrativ dhe shoqëror (Falkner, Treib dhe Hartlapp, etj. 2005, 6) ndaj dhe shkalla e ndryshimit të sjelljes praktike është zakonisht më e ulët.

Evropianizimi në shtete-anëtare përkundrejt vendeve kandidate

Evropianizimi nuk është një proces ekskluziv vetëm për shtetet anëtare të Bashkimit Evropian (Wallace 2000, 370), pasi pa dyshim ka evropianizimi edhe të vendeve të cilët aplikojnë për anëtarësim në BE (Radaelli 2000, 4).

Impakti i integrimit në vendet anëtare ka dy karakteristika kryesore të cilat janë të krahasueshme me ndikimin në vendet potencialisht shtete-anëtare. Së pari, shkalla e madhe më të cilën aktorët dhe institucionet e BE-së drejtojnë dhe ndikojnë procesin e përshtatjes (pavarësisht se instrumentet janë të ndryshme) dhe se dyti, natyra gjithëpërfshirëse e përshtatjes për të mbuluar tërësinë e direktivave evropiane janë të ngjashme si në vendet anëtare ashtu edhe në ato potencialisht shtete-anëtare (U. Sedelmeier 2011, 6). Në këtë këndvështrim vendet potencialisht shtete-anëtare po i nënshtrohen të njëjtit proces të adoptimit dhe implementimit të politikave dhe direktivave të BE-së ashtu si edhe shtetet-anëtare. Edhe pse procesi dhe dinamikat e Evropianizimit në vendet potencialisht shtete-anëtarë janë në thelb të ngjashme me ato të shteteve-anëtare, rrethanat janë të

---

[19] Duhet bërë kujdes pasi një numër termash janë përdorur në mënyrë të ndërsjelltë për të përshkruar rezultatin e Evropianizimit: p.sh përputhshmëria (*compliance*), zbatimi (*implementation*), transpozimi (*transposition*), përshtatja (*adaptation*), adoptimi (*adoption*), përafrimi (*approximation*) etj., megjithatë duhet të bëhet kujdes pasi ka një dallim të qartë midis ndryshimeve formale (si transpozimi ligjor i rregullave) dhe ndryshimit të sjelljes (si zbatimit praktik i rregulloreve). *Adoptimi* i acquis është përgjithësisht procesi formal i veprimtarisë legjislative, ndërsa Adaptimi (përshtatja) me acquis është përgjithësisht procesi joformal sipas të cilit normat dhe praktikat ligjore dhe institucionale përshtaten me ekologinë e re të zgjerimit (Hughes, Sasse dhe Gordon 2004, 526).

ndryshme (Bulmer 2007, 54). Duke pasur parasysh statusin e tyre, ndikimi i BE-së në rastin e vendeve potencialisht shtete-anëtare ka një dimension shtesë, atë të kushtëzimit dhe të negociatave për anëtarësim (H. Grabbe 2001, 1014). Këto rrethana bëjnë që Evropianizimi i vendeve potencialisht shtete-anëtare të ketë edhe disa karakteristika dalluese, së pari në lidhje me mekanizmat dhe instrumentet e përdorura nga institucionet e BE-së për të ndikuar dhe monitoruar procesin e përshtatjes dhe së dyti në lidhje me marrëdhënien asimetrike të procesit të zgjerimit ku vendet potencialisht shtete-anëtare nuk mund të negociojnë kushtet e Kopenhgen-it (U. Sedelmeier 2011, 6). Në rastin e vendeve potencialisht shtete-anëtare, institucionet e BE-së mbështeten kryesisht tek 'nxitja e kushtëzuar'[20] pasi BE-ja nuk mund të mbështetet në sanksionet e traktatit apo nëpërmjet ndëshkimeve financiare të Gjykatës Evropiane të Drejtësisë si në rastin e vendeve shtete-anëtare. Komisioni Evropian gjithashtu, në ndryshim nga procedura e shkeljes në rastin e shteteve-anëtare, publikon periodikisht raportet e progresit si një mënyrë për të monitoruar procesin në vendeve potencialisht shtete-anëtare. Për më tepër, efektet e Evropianizimit në vendet potencialisht shtete-anëtare, edhe pse për nga forma janë të ngjashme me ato në shtetet-anëtare të BE-së (adoptim dhe zbatim politikash), përsëri kanë një shtrirje më të gjerë dhe më të thellë (H. Grabbe 2003). Axhenda e BE-së për të transformuar politikat dhe institucionet në vendet potencialisht shtete-anëtare është gjithëpërfshirëse dhe thelbësore pasi vendet kandidate duhet jo vetëm të miratojnë dhe zbatojnë *acquis* e BE-së, por në të njëjtën kohë duhet të kenë edhe institucione të qëndrueshme demokratike, ekonomi tregu konkurruese, respektim të të drejtave të njeriut dhe të minoriteteve, siç përcaktohet në kriteret e Kopenhagen-it. Për shkak të presionit të përshpejtimit të procesit të anëtarësimit, Evropianizimi i vendeve potencialisht shtete-anëtare jo vetëm që duhet të ece me një ritëm shumë më të shpejtë sesa në shtetet-anëtare, por në të njëjtë kohë prodhon edhe më shumë homogjenitet dhe konvergjence

---

[20] 'Nxitja e kushtëzuar' presupozon që BE-ja të mos ofrojë shpërblimin e premtuar (anëtarësimin) në rast se vendi aspirues nuk arrin të përmbushë kushtet e pranimit.

në rezultatet e pritshme, shih (H. Grabbe 2001, 1014) (H. Grabbe 2003, 306) (Schimmelfennig dhe Sedelmeier 2005b, 225).

Për gjithë karakteristikat dalluese përmendur më lart, shpesh herë impakti i zgjerimit në vendet potencialisht shtete-anëtare referohet si 'Evropianizim i modelit lindor' ose 'Evropianizim Fillestar' 'para-Evropianizim', i cili nuk është gjë tjetër veçse një periudhë transitore. Konteksti dhe instrumentet e zgjerimit do të mbetet një shtysë e jashtëm për aq kohë sa vendet potencialisht shtete-anëtare nuk janë ende anëtarë me të drejta të plota në BE, por sapo të fitojnë anëtarësinë, mekanizmat dhe thelbi i Evropianizimit gradualisht do të përafrohen me ato në shtetet-anëtare.

Tabela 1 Evropianizimi në perspektivë krahasuese: shtetet-anëtare përkundrejt vendeve kandidate

<table>
<tr><th colspan="2"></th><th>Në shtetet-anëtare</th><th>Në shtetet-kandidate</th></tr>
<tr><td rowspan="4">Ngjashmëritë</td><td colspan="3">Natyra gjithëpërfshirëse e ndikimit të brendshëm shtrihet në të tre komponentët politikë
- Politeia: arkitektura institucionale e sistemit kombëtar dhe mënyra e organizimit të shtetit
- Politika: aktorët politikë (partitë dhe grupet e interesit), interesat, identitetet dhe veprimet e tyre politike
- Politikat Publike: sektorët e veçantë të politikave publike si ambienti, punësimi, edukimi etj.</td></tr>
<tr><td colspan="3"></td></tr>
<tr><td colspan="3"></td></tr>
<tr><td colspan="3"></td></tr>
<tr><td rowspan="4">Diferencat</td><td>Rrethanat</td><td>Pushtet në vendimmarrjen e politikave komunitare</td><td>Negociatat e anëtarësimit, Marrëdhënie asimetrike</td></tr>
<tr><td>Instrumenti kryesorë</td><td>Traktatet</td><td>Kushtëzimi</td></tr>
<tr><td>Monitorimi</td><td>Procedura e Shkeljes</td><td>Raport Progreset</td></tr>
<tr><td>Efektet</td><td></td><td>Më të mëdha/thella (p.sh. në fushën e të drejtave të minoriteteve)</td></tr>
</table>

E parë në këtë këndvështrim, Evropianizimi në vendet potencialisht shtete-anëtare është para së gjithash dhe për më tepër një proces shtet-anëtar-formimi, pasi BE-ja ndikon në ristrukturimin e institucioneve vendore dhe politikat publike konform modeleve Evropiane. Procesi i shtet-anëtar-formimit kërkon që vendet potencialisht shtete-anëtare duhet ti përafrohen standardeve 'Evropiane', ose shprehur në terma më konkretë vendet potencialisht shtete-anëtare duhet të përafrojnë legjislacionin, politikat dhe institucionet e tyre ekzistuese konform legjislacionit, politikave dhe standardeve të BE-së përpara anëtarësimit.[21] Evropianizimi i vendeve potencialisht shtete-anëtare është i lidhur ngushtësisht me procesin dhe instrumentet e zgjerimit. Një konceptim i tillë është së pari në përputhje me konceptin e Evropianizimit në shtete-anëtare dhe së dyti, e dallon atë nga proceset e tjera më gjithëpërfshirëse të modernizimit, demokratizimit apo globalizimit.

QASJA TEORIKE E STUDIMIT TË ZGJERIMIT DHE EVROPIANIZIMIT

Si e shpjegojnë studiuesit Zgjerimin Evropian dhe ndikimet e tij në vendet kandidate? Nuk ka një teori të vetme që mund të shpjegojë gjithë kompleksitetin (pse dhe si ndodh) e zgjerimi Evropian dhe transformimet (çfarë dhe sa transformon) që ai sjell. Prandaj, studiuesit i janë kthyer, pothuajse pa përjashtim, spektrit të gjerë të teorive që bien nën ombrellën e të ashtuquajturit 'institucionalizmi i ri' – neo-institucionalizmi (Vink dhe Graziano 2007, 12-13). Edhe, kuadri teorik i studimit të procesit të zgjerimit dhe evropianizimit është i lidhur ngushtësisht dhe bazohet kryesisht mbi debatet teorike rreth neo-institucionalismit. Neo-institucionalismi është i rëndësishëm për të kuptuar dhe shpjeguar politikën komplekse dhe shumë-dimensionale të zgjerimit si dhe ndikimin e saj. Lidhja me neo-institucionalismin, ka mundësuar një spektër më të plotë në analizën e kushteve dhe faktorëve

---

[21] Një përceptim i tillë i Evropianizimit gjendet në studimet empirike, ndonëse është kritikuar si një konceptim minimalist (EUizim).

të institucionalizimit si dhe efekteve të tyre. Të gjitha qasjet teorike të analizës së Politikës së Zgjerimit dhe Evropianizimit janë variante të ndryshme të neo-institucionalismit ose kombinime të tyre të cilat ofrojnë model shpjeguese të mirë-përcaktuara dhe të pranuara gjerësisht.

Qasjet e ndryshme të neo-institucionalismit ofrojnë një kuadër teorik bazë dhe të dobishëm të analizës së politikës së zgjerimit dhe ndikimit të saj. Tre janë logjikat kryesore të neo-institucionalizmit që studiuesit ndjekin në hulumtimet e Zgjerimit Evropian dhe Evropianizimit. Pjesa më e madhe e hulumtimeve ndjekin dy logjikat institucionale të March dhe Olsen (1998), logjikën e pasojave dhe logjikën e përshtatshmërisë (p.sh. Börzel dhe Risse 2003, dhe Schimmelfening dhe Sedelmaire 2005). Të tjerë studiues (Hall dhe Taylor 1996) evidentojnë një logjikë të tretë, atë të institucionalizimit historik, i cili i mëshon më shumë dinamikës së përkohshme të ndryshimit, shih gjithashtu (Bulmer 2007). Secila logjikë e neo-institucionalizmit ka pikëpamje të ndryshme epistemologjike dhe ontologjike si dhe e interpreton ndryshe rolin e institucioneve dhe aktorëve në Zgjerimin Evropian dhe Evropianizimin.

Pavarësisht se të tre logjikat kryesore të neo-institucionalizmit janë qasja teorike kryesor e zgjerimit dhe evropianizimit, ato nuk kanë të njëjtën peshë. Qasja e para dhe më me influencë për Zgjerimin dhe Evropianizimin në vendet kandidate ka qenë logjika e pasojave bazuar në Institucionalizimin Racional e cila bazohet në përllogaritjet strategjike. Logjika e dytë rrjedh nga Institucionalizmi konstruktivist, dhe referohet si logjika e përshtatshmërisë. Të dyja logjikat janë të bazuara në supozimin se institucionet kanë rëndësi, por ndryshojnë në kuptueshmërinë e institucioneve. Në logjikën e konsekuencialismit kemi një kuptim 'të hollë' të institucioneve të cilat strategjikisht realizojnë preferencat e tyre, ndërsa në logjikën e përshtatshmërisë, një kuptim 'të gjerë' të institucioneve të cilat ndryshojnë preferencat (Vink 2002, 11). Dallimi kryesor i këtyre logjikave është fokusi ekskluziv në interesa ose ide. Varianti i tretë bazohet në institucionalizmin historik dhe ndjek logjikën e trajektores së varësisë që do të thotë se institucionet e tanishme varen jo vetëm nga kushtet aktuale por edhe nga zhvillimet historike institucionale. Logjika e trajektores së varësisë nënkupton ekzistencën e një trajektoreje të zhvillimeve institucionale specifike e cila është formuar nga ngjarje dhe eksperienca të mëparshme historike, d.m.th. trashëgimia e të kaluarës. Argumenti kryesor është inercia, pra trajektorja ekzistuese institucionale është rezistente ndaj ndryshimeve. Logjika e trajektores së varësisë përqendrohet në efektet e 'trashëgimisë institucionale' me kalimin e kohës.

Pjesa më e madhe e studiuesve e konsiderojnë logjikën e pasojave dhe atë të përshtatshmërisë, jo si logjikë kontradiktore, por më tepër si komplementare me njëra-tjetrën, p.sh. (March dhe Olsen 1998). Për më tepër, logjika e trajektores së varësisë nuk duket të jetë në kundërshtim me dy logjikat e mëparshme, thjesht kjo logjikë merr seriozisht në konsideratë kohën dhe aspektet e saj (periudhën, fazën, dhe ritmin).

Institucionalizmi historik, ndryshon nga institucionalizmi racional apo ai sociologjik vetëm në optikën diakronike, jo në parakushtet e saj. Sipas teoricienëve Hall dhe Taylor (1996, 939), institucionalizmi historik tenton të konceptojë marrëdhëniet midis institucioneve dhe sjelljes individuale në terma kohorë relativisht të mëdhenj. Të tre këto logjika nuk jenë reciprokisht ekskluzive, por mund të shihen si pjesë e një kornize teorike sintetike për të hulumtuar zgjerimin dhe evropianizimin. Disa studiues tashmë i kanë inkuadruar këto logjika në një model teorik që të ndodhin njëkohësisht (Börzel dhe Risse 2003) ose në faza specifike, p.sh. shpjegime alternative të fazës së dytë të procesit të evropianizimit (Caporaso 2007) ose edhe si modele të ndryshme alternative (Schimmelfennig dhe Sedelmeier 2005a).

Kutia 5: Neo-Institucionalizmi

Qasja Institucionaliste është ndërtuar rreth pretendimit se 'institucionet kanë rëndësi'. Institucionet kanë rëndësi veçanërisht për shkak të mënyrave në të cilat konfigurimet institucionale kanë një ndikim mbi rezultatet politike (Rosamond 2006, 113). Tre janë Institucionalismat primarë të cilët veçohen nga mënyra si konceptohen institucionet dhe aktoret, dhe si ata kanë rendësi në përcaktimin e sjelljes dhe rezultatit politik. Neo-institucionalizmi është baza e veprimit dhe aktivitetit politik ose shoqëror:

1. **Institucionalizmi Racionale (IR)** shih: (Hall dhe Taylor 1996), (March dhe Olsen 1998). Veprimi është i nxitur nga një logjikë konsekuencialiste dhe përllogaritje e preferencave të aktorëve. Qasja e përllogaritjes racionale përqëndrohet në ato aspekte të sjelljes politike që janë instrumentale dhe bazohen në përllogaritjet kosto-përfitim.

2. **Institucionalizmi Sociologjik ose Konstruktivist (IS)** shih: (Hall dhe Taylor 1996), (March dhe Olsen 1998). Veprimi është i nxitur nga një logjikë e përshtatshmërisë dhe kuptimit të identitetit. Qasja konstruktiviste përqëndrohet në ato aspekte të sjelljes politike që janë normative dhe bazohen në identitet.

3. **Institucionalizmi Historik (IH)** shih: (Hall dhe Taylor 1996), (Pierson 2000). Veprim është i nxitur nga një logjikë e trajektores së vartësisë dhe konsekuencave të mëparshme. Efektet e shtrirjes në kohë. Institucionet, njëherë të krijuara, mund të influencojnë dhe përcaktojnë sjelljen e aktorëve që i kanë krijuar ato. Institucionet ekzistuese sigurojnë incentiva dhe preferenca për të 'përjetësuar' veprimet e aktorëve. Ndryshimi mund të vijë si rezultat i ndikimeve të jashtme.

4. **Institucionalizmi Diskursiv (ID)** shih: (Schmidt 2010). Veprimi është i nxitur nga logjika e ideve dhe diskursit. (Shënim: Institucionalismi i katërt akoma nuk është përqafuar gjerësisht, dhe në shumicën e rasteve përfshihet në IS)

Neo-Institucionalizimi është një qasje shumë e larmishme dhe përbëhet nga shkolla mendimi krejtësisht të ndryshme. Logjika konsekuencialiste (IR) ndryshon incentivat, logjika e përshtatshmerisë (IS) ndryshon preferencat. Trajektorja e varësisë (IH) ka efekt të dyfishtë mbi aktorët dhe preferencat, ndryshimet janë të kushtëzuara, ato ndodhin vetëm pjesërisht, në përgjigje të ndryshimit të rrethanave.

Sfida sot qëndron në integrimin e të tre linjave të logjikës në një model specifike dhe jo në përzgjedhjen e tyre. Zgjerimi dhe Evropianizimi si procese komplekse kanë nevojë për një studim sintetik të mekanizmave dhe faktorëve që rrjedhin nga tre logjika të neo-institucionalizmit për të parë se cili prej faktorëve ose mekanizmave ka rëndësi në mënyrë domethënëse, në etapa dhe situata specifike.

Kuadri Teorik i Zgjerimit

Në debatin teorik mbi zgjerimin, mbizotërojnë si qasja e institucionalismit racional, ashtu edhe qasja konstruktiviste. Diskursi i gjatë teorik mbi zgjerimin e BE-së është fokusuar në përpjekjet për të kuptuar nëse janë interesat apo idetë forca lëvizëse e procesit të zgjerimit, me fjalë të tjera një vend i bashkohet BE-së nga normat apo nga interesat? Sipas racionalistëve, zgjerimi ndjek logjikën e pasojave, kurse sipas konstruktivistëve zgjerimi ndjek logjikën e përshtatshmërisë. Qasja racionale përqendrohet në interesat e BE-së dhe shtetit kandidat, ndërsa qasja konstruktiviste në vlerat e përbashkëta evropiane në nivel mbi-kombëtar.

Nga kombinimi i këtyre dy qasjeve, përveç modelit unik të veprimeve retorike, sot kemi 4 modele kryesore teorike, për të kuptuar arsyet pse vendet kandidate, shtetet-anëtare dhe institucionet e BE-së e mbështesin ose jo zgjerimin: realizmi, ndër-qeveritarizmi liberal, institucionalizmi mbi-kombëtar dhe konstruktivizmi (Schimmelfenning dhe Sedelmeier 2006, 100).

Sipas shkollës së mendimit *realist*, mbështetja e procesit të zgjerimit është rezultat i gjykimit se procesi i anëtarësimit do të rritë sigurinë, do të përmirësojë pozitën ose do të sjellë një shpërndarje më të balancuar të pushtetit brenda organizatës, si për shtetet anëtare ashtu edhe për vendet kandidate. Për një shtet anëtar çështje kryesore janë pasojat e procesit të zgjerimit në lidhje me sigurinë dhe ndikimin e saj në BE. Shteti anëtar do ta mbështesë zgjerimin nëse pozita e tij në BE do të përmirësohej dhe ai shtet do të kishte kontroll më të madh mbi zhvillimet e vendit që do të anëtarësohej.

Kutia 6 Veprimet Retorike

> *Veprimet Retorike (Rhetorical actions):* Si një rrugë të ndërmjetme të dikotomisë midis institucionalizimit racional dhe atij konstruktiv, Schimmelfennig (2001) propozon 'veprimet retorike'. Veprimet retorike shpjegojnë se si një përfundim racional i bazuar në preferencat egoiste dhe pushtetin relativ vendimmarrës mund të shndërrohet në një përfundim normativ (F. Schimmelfennig 2001, 48). Në këtë kontekst, preferencat e shteteve anëtare të BE dhe stimujt fillestarë të procesit të zgjerimit janë në përputhje me pritshmërinë racionaliste dhe mund të shpjegohet si rezultat i përllogaritjeve egoiste kosto-përfitim, ndërsa vendimi për zgjerimin dhe arritja e vlerave dhe normave të komunitetit shpjegohet nga qasja konstruktiviste.
>
> Pavarësisht se preferencat e shteteve anëtare mbi zgjerimin janë individualiste dhe egocentrike (F. Schimmelfennig 2001, 33), herët a vonë shtetet anëtare janë të detyruar të justifikojnë qëllimet e tyre politike në bazë të identitetit, vlerave dhe normave të institucionalizuar (F. Schimmelfennig 2001, 63). Pavarësisht se racionalistët kanë argumentuar se zgjerimi i një organizate shpesh herë ndjek një model më materialist dhe egoist, ne përsëri duhet të konsiderojmë faktin se një komunitet përbëhet nga vlera dhe norma që duhet të përmbushen, dhe si të tilla ato janë origjina e legjitimitetit dhe mund të ushtrojnë ndikim në formimin e sjelljeve të përshtatshme. Pra, devijimi ndaj normave të tilla bëhet problematik dhe çdo aktor, interesat e të cilit nuk janë në përputhje me normat e komunitetit, duhet të legjitimojnë pozicionin e vet nëpërmjet argumenteve dhe / ose veprimeve të bazuara në norma.
>
> 'Veprimet retorike', përkufizohen si përdorim strategjik i argumenteve të bazuara në norma, si të tilla ato përfshijnë, jo vetëm aktorë racionalë por dhe një mjedis normativ. Nga njëra anë ekziston retorika racionaliste si motiv për zgjerimin e mëtejshëm, dhe nga ana tjetër kjo retorikë duhet të institucionalizohet në bazë të normave për të qenë legjitime. Pra, nëse racionalistët shpjegojnë motivet për zgjerim, konstruktivistët shpjegojnë institucionalizimin e këtij zgjerimi.

Qasja e *ndër-qeveritarizmit liberal* i mëshon më tepër përfitimeve, kryesisht ato ekonomike, të cilat rrjedhin nga zgjerimi i mëtejshëm. Në këtë këndvështrim, një shtet anëtar është pro zgjerimit nëse përfitimet e tij të mëtejshme nga anëtarësimi i një vendi të ri do të jenë minimalisht të barabarta me kostot që rrjedhin nga përfshirja në përfitimit komunitare e vendit të anëtarësuar rishtas. *Institucionalizmi mbi-kombëtar* është në favor të zgjerimit nëse parashikohen përfitime për Bashkimin Evropian si një e tërë. Ndërkohë që *konstruktivizmi* thekson çështjen e identitetit duke mbështetur anëtarësimin e atyre vendeve të cilat identifikohen dhe përfaqësojnë të njëjta vlera dhe standardet me komunitetin evropian. Me fjalë të tjera, mbështetja për zgjerimin është e kushtëzuar në qëndrimin 'evropianist' të shtetit kandidat ndaj projektit të integrimit evropian dhe përkushtimin ndaj parimeve bazë të BE-së.

Tabela 2: Qasjet teorike që shpjegojnë zgjerimin evropian

Realizmi	- Efekti paraprak i zgjerimit mbi autonominë, sigurinë, dhe ndikimin relativ në BE të një shteti - Preferencat e shteteve-anëtare më të fuqishme
Ndër-qeveritarizmi Liberal	- Efekti paraprak i zgjerimit mbi mirëqenien e një shteti (në varësi të strukturave të brendshme ekonomike) - Fuqia relative vendimmarrëse dhe kosto dytësore - Rregullat formale të vendimmarrjes
Institucionalizmi Mbi-kombëtar	- Efekti paraprak i zgjerimit mbi interesat kolektive të BE-së, kompetencat dhe buxhetet e institucioneve - përcaktuesi i axhendës dhe sipërmarrja nga aktorët institucionalë (Komisioni) - prania dhe fuqia e grupeve transnacionale të interesit në favor të zgjerimit - Rregullat formale të vendimmarrjes
Konstruktivizmi	- Niveli i identifikimit të aplikuesit me BE-në dhe normat e saj - Shtrirja e identitetit kolektiv të përbashkët dhe normave themelore midis BE dhe aplikantit - Ide/ paradigma politikash që mbështesin sektorë të veçanta të politikave

Burimi: (Schimmelfenning dhe Sedelmeier 2006, 102).

Faktorë sistematikë që shpjegojnë politikën e zgjerimit të BE

Shpjegimet teorike të vendimeve dhe të politikës të zgjerimit vijnë kryesisht në dy varietete madhore, atë të modelit ndër-qeveritare liberal, i cili bazohet në preferencat e aktorëve lidhur me zgjerimin, p.sh. (Moravcsik dhe Vachudova 2005), si dhe atë të modelit konstruktivist i cili bazohet në ndërtimin e identitetit dhe normave të BE-së, p.sh. (F. Schimmelfennig 2001).

Politika e zgjerimit të BE-së gjerësisht është shpjeguar nga aspekti i institucionalizmit konstruktivist, ndryshe nga shumica e fushave të tjera të integrimit evropian që dominohen aktualisht nga ndër-qeveritarizmi liberal.[22] Nga këndvështrimi konstruktivist, 'vlerat dhe normat liberal-demokratike' (F. Schimmelfennig 2001) ose 'identiteti i përbashkët' (Sjursen 2002) që ndajnë vendi aplikant dhe BE-ja janë kushtet kryesore të cilat merren parasysh për vendimin e zgjerimit. Në perspektivën konstruktiviste, të paturit e një bashkësie vlerash dhe normash me shtetet të cilat aspirojnë anëtarësimin është e nevojshme dhe e mjaftueshme për pranimin e tyre në BE (F. Schimmelfennig 2001, 61). Duke pasur parasysh themelin e vlerave politike liberal-demokratike të BE-së, çdo vend potencial kandidat duhet detyrimisht të arrijë vlerat dhe normat liberale të BE-së përpara se ti bashkohet BE-së. Një studim empirik tregon se BE-ja, e lidh progresin drejt anëtarësimit me avancimin drejt përmbushjes së kushtëzimit politik (F. Schimmelfennig 2008). Një zgjerim në grupin e shteteve me 'demokraci të brishta' shihet nga disa shtete anëtare si i padëshirueshëm ose më keq akoma si destabilizues (Fierke dhe Wiener 1999, 721). Pra, sa më demokratik është vendi kandidat, aq më të larta janë shanset e krijimit të marrëdhënieve të institucionalizuara dhe anëtarësimit në BE; dhe e anasjellta sa më pak demokratik është një vend aq më i lartë rreziku për t'u përjashtuar ose për ta vonuar anëtarësimin në BE (F. Schimmelfennig 2005, 147).

Përpos faktorit të komunitetit liberal, qëndrojnë edhe përllogaritjet materiale të kostos dhe përfitimit nga zgjerimi, si dhe efektiviteti burokratik i vendit aplikant për tu përputhur me *acquis* të BE-së. Kriteret e anëtarësimit të vendosura në Këshillin Evropian të Kopenhagës shërbejnë si parime udhërrëfyese në përcaktimin e përgatitjes së vendeve për t'u anëtarësuar në BE. Një kriter

---

[22] Shih gjithashtu Moravcsik dhe Schimmelfennig (2009, 80-83) të cilët diskutojnë mbi politikën e zgjerimit të BE-së si një rast të vështirë të Ndërqeveritarizmi Liberal.

administrativ u shtua në Këshillin Evropian të Madrid-it në dhjetor të vitit 1995, i cili kërkon reforma thelbësore administrative për vendet kandidatët (A. Dimitrova 2002). Kështu, anëtarësimi është i kushtëzuar nga plotësimi i kritereve politike të një demokracie liberale, i kritereve ekonomike të një tregu funksionale dhe i kapaciteteve administrative për të ndërmarrë *acquis* të BE-së.

Preferencat e shteteve anëtare dhe opinioni publik

Sipas modelit ndër-qeveritare liberale, preferencat e shteteve anëtare mbi zgjerimin shpjegojnë edhe vendimet e zgjerimit të BE. Studimet empirike kanë treguar se interesat e shteteve anëtare janë një faktor i rëndësishëm në përcaktimin e vendimeve të BE-së (Thomson dhe Hosli 2006), ky konkluzion është më i dukshëm në politikën e zgjerimit të BE pasi ajo është një çështje delikate në të cilën vendet anëtare dëshirojnë të kenë fjalën e fundit (Müftüler–Bac dhe McLaren 2003, 19).

Gjithashtu, çështjet e opinionit publik janë të rëndësishme. Tradicionalisht opinioni publik ose nuk është artikuluar ose është neglizhuar, duke luajtur në përgjithësi vetëm një rol dytësor në vendimet për zgjerimin e BE-së, por pas zgjerimit të fundit, shqetësimi popullor rreth procesit është duke u dëgjuar dhe qeveritë e vendeve anëtare po i marrin ato në konsideratë. Tendencat qytetare kundër zgjerimit të BE-së po i vendosin zyrtarët e BE përballë një fryme anti-zgjerim gjithnjë e në rritje, e cila mund të rezultojë në uljen e domosdoshmërisë politike për tu zgjeruar, duke i bërë shtetet anëtare më kritike ndaj zgjerimit dhe dyshues ndaj shpejtësinë dhe dëshirës së procesit të zgjerimit (Phinnemore 2006, 20). Kjo ka sjellë në vëmendjen e BE-së, qytetarët, dhe marrjen në konsideratë të perceptimeve të tyre. Në këtë këndvështrim, bashkëveprimi midis qëndrimeve të elitave politike dhe opinionit publik mbetet i rëndësishëm (Lippert 2010, 69). Edhe studimet empirike vërtetojnë se opinioni publik mbi çështjet e BE-së ndikojnë në vendimet politike që ndërmerr BE-ja (D. Toshkov 2011).

Kuadri Teorik i Evropianizimit

Tendenca dominante në studimin e Evropianizimit në vendet potencialisht kandidate në kontekstin e zgjerimit të BE-së ndjek logjikën e institucionalizmit racionalist, me theks të veçantë kushtëzimin e BE-së, shih (Schimmelfennig dhe Sedelmeier 2005a, 12-17). Modele shpjeguese alternative janë ndërtuara edhe mbi institucionalizmin konstruktivist duke argumentuar mbi rëndësinë e rezonancës të qeverisë me rregullat dhe normat e BE-së, shih (Schimmelfennig dhe Sedelmeier 2005a, 18-20) ose mbi angazhimin e aktorëve vendas në rrjetet dhe programe evropiane, shih (Bauer, Knill dhe Pitschel 2007, 416). Së fundmi, një tjetër argumentim teorik ndjek institucionalizmin historik, duke shpjeguar Evropianizimin nëpërmjet kushteve të ndryshme që lidhen me trashëgiminë historike të së kaluarës, shih (Cirtautas dhe Schimmelfennig 2010, 431).

Rreth mekanizmave dhe faktorëve që shpjegojnë Evropianizimin

Meqenëse Evropianizimi nuk është një teori por proces, duhet të identifikojmë cilat janë mekanizmat e tij. Literatura për mekanizmat dhe faktorët e Evropianizimit nuk është e zbrazët. Një numër studiuesish janë përpjekur të shtjellojnë mekanizmat që veprojnë në evropianizimin e shteteve anëtare,[23] por studies të tjerë kanë paraqitur edhe mekanizmat që veprojnë në procesin e evropianizimit të vendeve kandidate. Bauer *dhe të tjerë* (2007) bazuar në modelin politiko-analitik të Knill dhe Lehmkuhl (2002) bën dallimin midis tre mënyrave të qeverisjes së BE-së (përputhshmëria, konkurrueshmëria dhe komunikimi) për të analizuar ndryshimet e brendshme në vendet

---

[23] Në rastin e shteteve anëtare, Knill dhe Lehmkuhl (1999), (2002) kanë paraqitur tre mekanizma të cilët ndryshojnë në varësi të çështjeve ose politikave (bazuar në politikat rregullatore të BE-së të pajtueshmërisë, konkurrencës dhe komunikimit) dhe llojin e integrimit që ato përfaqësojnë (integrim pozitiv, negativ dhe inkuadrues). Kurse Börzel dhe Risse (2003) zhvillon dy mekanizma sipas logjikës së pasojave dhe asaj të përshtatshmërisë.

kandidate. Grabbe (2001), (2003) identifikon pesë lloje mekanizmash evropianizimi: portë-ruajtësin (hyrjen në negociata dhe fazat e mëtejshme të procesit të anëtarësimit); standardet dhe monitorimi; sigurimin e modeleve legjislative dhe institucionale; transferimin e ndihmës financiare dhe asistencës teknike; këshillimin dhe binjakëzime. Ndërkohë modeli më i shtjelluar teorikisht dhe më i përdoruri është ai i Schimmelfennig dhe Sedelmeier (2005a) që përcakton mekanizmat e evropianizimit sipas logjikës së ndryshme të veprimit (logjika e pasojave dhe logjika e përshtatshmërisë) dhe aktorëve që nxisin procesin (ose nga BE-ja ose nga vendet kandidate).

Ka disa elemente dallues të këtyre mekanizmave. Mënyra e parë për të dalluar këto mekanizma është theksi i tyre në elemente institucionale ose tek preferencat apo besimet e aktorëve. Ose institucionet (që zakonisht konsiderohen si 'rregulla të lojës' që strukturojnë proceset vendimmarrëse) përcaktojnë rezultatin e procesit të evropianizimit, ose janë preferencat dhe besimet e aktorëve që sjellin rezultatin. Në vendet kandidate, përshtatja institucionale ka qenë vetëm një pjesë e ndikimit të BE-së, pasi ndryshime kognitive janë evidentuar në rastin e EQL (Papadimitriou dhe Phinnemore 2003, 622). Të gjithë mekanizmat e ndikimit të brendshëm mund të diferencohen gjithashtu edhe sipas logjikës dominuese të veprimit që ato ndjekin, ku logjika e pasojave mund të jetë si shkak i influencës materiale ose i ndikimit social, ndërsa logjika e përshtatshmërisë mund të ketë ose dimensionin njohëse ose atë normative (F. Schimmelfennig 2002, 11). Këto mekanizma përfshijnë presione të ndryshme për reforma duke variuar nga masat e butë (si p.sh. ofrimi i ndihmës) deri në masat e vështirë (p.sh 'ruajtja e portës' së anëtarësimit). Masat e butë lidhen me procesin e inkuadrimit dhe socializimit, ndërsa masat shtrënguese lidhen me procesin e kushtëzimi dhe presionin. Mekanizmat gjithashtu mund të klasifikohen si mekanizma të evropianizimit të drejtpërdrejt ose indirekt. Zgjerimi mund të ndikojë në qeverinë e vendit kandidat qoftë drejtpërsëdrejti nëpërmjet negociatave ndërqeveritare ose në mënyrë të tërthortë nëpërmjet fuqizimit diferencues të aktorëve vendas dhe inkuadrimit të besimeve të tyre.

Bazuar në dallimet e mësipërme, po i ri-organizojmë mekanizmat e prezantuara nga studiuesit në tre variante kryesorë nëpërmjet të cilave BE mund të ndikojë në vendet kandidate. Në terma më të thjeshtë, po konsiderojmë mekanizmat në ato raste në të cilat shtetet e brendshme nuk do të kishin ndryshuar nëse nuk do të kishte qenë për arsye të një veprim të caktuar nga BE, qoftë ai i drejtpërdrejtë apo i tërthortë. Nëse nuk ka ndryshim për një veprim të caktuar nga BE-ja, atëherë duhet të përfshihet edhe mekanizmin e rezistencës i cili përqendrohet në shpjegimet historike dhe kulturore të logjikës së trajektores së varësisë. Megjithëse ky nuk është një mekanizëm i veçantë i evropianizimit, pasi nuk ka të bëjë me ndonjë veprim konkret të BE-së, por më tepër me reagimet e vendeve kandidate kundrejt BE-së.

Evropianizimi nëpërmjet Detyrimit: Kushtëzimi

Mekanizmi i parë dhe më i rëndësishëm i ndikimit të BE-së është evropianizimi përmes detyrimit (kushtëzimi si modeli i stimujve të jashtëm). Përdorimi i kushtëzimit ka qenë strategjia kryesore e BE-së për të influencuar vendet kandidate. BE-ja vendos miratimin e rregullave të saj si kushte që duhet të përmbushin vendet kandidate për tu anëtarësuar. Ambicia për anëtarësimin e plotë është racionaliteti që justifikon reagimet e vendeve kandidate ndaj pajtueshmërisë me BE-në pasi që BE-ja do të japë shpërblimin (anëtarësimin e plotë) vetëm nëse aplikanti i përmbush plotësisht rregullat e saj. BE-ja përdori kushtëzimin si një mjet të 'detyrimit nëpërmjet shpërblimit', d.m.th. BE-ja e tërheq shpërblimin nëse vendi kandidat nuk arrin të përmbushë kushtet, por BE-ja kurrsesi nuk ndërhyn në mënyrë të dhunshme apo mbështetëse për të ndryshuar vlerësimin e kosto-përfitim-it të vendit kandidat nëpërmjet krijimit të kostove shtesë ('detyrim nëpërmjet dënimit') ose ofrimit të ndihmës të pakushtëzuar ('detyrim nëpërmjet mbështetjes') (Schimmelfennig dhe Sedelmeier 2005a, 11).

Ky mekanizëm evropianizimi funksionon nëse ekzistojnë kërkesa konkrete institucionale të cilat vendet kandidate duhet ti përmbushin; d.m.th, politika e BE-së përshkruan 'pozitivisht' një model institucional në të cilin shteti kandidat duhet të përshtatet, duke i lënë shtetit kandidat një hapësirë tepër të limituar për të vendosur mbi mënyrën e përputhshmërisë me kërkesat evropiane (Knill dhe Lehmkuhl 2002, 257-258). Pajtueshmëria është e një natyre detyruese prandaj BE duhet të jetë në gjendje të imponojë rregullat e saj dhe të ketë mjetet e duhura në dispozicion për këtë qëllim. Në vendet kandidate ky parakusht është prezent pasi BE-ja i kërkon vendeve kandidate të miratojnë të gjitha ligjet dhe normat ekzistuese të BE-së (*acquis*) (Bauer, Knill dhe Pitschel 2007, 409). Shtetet kandidate janë drejtpërdrejt të detyruar të zëvendësojnë rregullat e tyre sipas një modeli institucional të përshkruar nga legjislacioni evropian. Kjo është një qasje institucionale ku BE-ja ndikon drejtpërdrejt qeveritë dhe politik-bërësit në vendet kandidate përmes takimeve ndërqeveritare. Logjika mbizotëruese e kushtëzimit të BE-së është një strategji e detyrimit nëpërmjet shpërblimit, sipas së cilës BE-ja siguron stimuj të jashtëm për qeveritë e vendeve kandidate që plotësojnë kushtet e saj (Schimmelfennig dhe Sedelmeier 2005a, 11). Sanksionet dhe monitorimi janë dy instrumente kryesore të detyrimit (Tallberg 2002, 617). Nëpërmjet logjikës së konsekuencializmit, aktorët përpiqen të maksimizojnë përfitimet e tyre individuale duke përllogaritur kostot dhe përfitimet që rrjedhin nga veprimet dhe opsionet alternative të një tratative. Në gjendjen e tratativave, aktorët vendas vlerësojnë kërcënimet dhe premtimet materiale të bashkësisë ndërkombëtare dhe përgjigjen kryesisht me përshtatjen institucionale. Për vendet kandidate, përputhshmëria është një mekanizëm shtrëngues i shkaktuar nga rregulla të detyrueshme ligjore të BE-së, të cilat duhet të zbatohen nga administratat kombëtare në mënyrë që të shmangen sanksionet e mos-përfitimit të ndihmës financiare dhe të mos marrjes së statusit shtet-anëtar.

Mekanizmi i detyrimit varet nga disa faktorë kryesorë në nivel evropian dhe atë kombëtar që rrjedhin nga perspektiva racionaliste (evropianizimi përmes kushtëzimit) dhe janë përmbledhur nga Schimmelfennig dhe Sedelmeier (2005a, 10-17) në modelin e stimujve të jashtëm.

Kredibiliteti i perspektivës së anëtarësimit në BE, është faktori i jashtëm kryesor në shpjegimin e evropianizimit në vendet kandidate (Schimmelfennig dhe Sedelmeier 2005a, 13) (U. Sedelmeier 2011, 22). Hulumtime sistematike kanë provuar se kredibiliteti i anëtarësimit është faktori më me ndikim në evropianizimin e vendeve kandidate (Knill dhe Tosun 2009), duke theksuar gjithashtu faktin se efektet e kushtëzimit ndryshojnë në kohë, në varësi edhe të etapave të anëtarësimit, p.sh (Steunenberg dhe Dimitrova 2007) (Böhmelt dhe Freyburg 2013). Besueshmëria e premtimit për anëtarësim rritet kur procesi i anëtarësimit përparon, dhe zvogëlohet menjëherë pas mbarimit të bisedimeve për anëtarësim dhe nënshkrimit të traktatit të anëtarësimit (Steunenberg dhe Dimitrova 2007). Përveç besueshmërisë së anëtarësimit në BE, vendosmëria e kushteve i lejon vendit kandidat të dijë se çfarë duhet të bëjnë saktësisht, me vendosmëri të kushteve kuptojmë si formalitetin ashtu edhe qartësinë e kushteve (Schimmelfennig dhe Sedelmeier 2005a, 12). Përveç qartësisë dhe formalitetit të rregullave, dendësia e kushteve është gjithashtu e rëndësishme. Vendosmëria dhe densiteti i kushteve ndihmojnë qeveritë e vendeve kandidate të dinë saktësisht se çfarë duhet të bëjnë dhe sa shumë. Nëse kërkesat e BE-së janë formale, të qarta dhe të shumta në numër atëherë vendet kandidate nuk mund të keqinterpretojnë apo të shmangin përshtatshmërinë me to. Një numër studimesh e ka konsideruar vendosmërinë e kushtëzimit të BE-së si një faktor të rëndësishëm që ndikon evropianizimin. Hughes *dhe të tjerë* (2004, 526, 26) gjetën se detajet (qartësia e *acquis*) nuk janë prezent njëlloj në të gjitha fushat e politikave publike dhe si rezultat aty ku *acquis* është i hollësishëm mund të arrihen rezultate pozitive, ndërsa aty ku *acquis* është i vakët kushtëzimi formal dhe evropianizimi për rezultat është i dobët. Jacoby (2004, 16) argumenton se në fushat ku densiteti i kushteve ishte i ulët, shtetet e EQL patën më shumë hapësirë për ta neglizhuar atë sektor. Pra, parashikimi është se vetëm kur kushtet e BE-së janë përcaktuar formalisht dhe qartë mund të presim që vendi kandidat të përshtatet.

Në nivel kombëtar edhe aktorët politik kyç[24] të vendit kandidat nuk duhet të kenë 'kosto' të evropianizimit (Schimmelfennig dhe Sedelmeier 2005a, 11). Huazuar nga teoria e lojtarëve të vetos, studiuesit e evropianizimit kanë argumentuar se një numër i madh i aktorëve kyç ndikon në kapacitetin e aktorëve kombëtarë për të arritur ndryshimet e politikave (Börzel dhe Risse 2003, 64). Kështu, një numër i madh i lojtarëve të vetos ka të ngjarë të pengojnë ose të paktën të ulin ndjeshëm përshtatjen ndaj presionit të evropianizimit (Cowles dhe Risse 2001, 9) Në fakt, roli i aktorëve politik kyç është i kufizuar në rastin e vendeve kandidate. Shumica e rasteve të studimit tregojnë se aktorët kyç ndikojnë vetëm në shpejtësinë e Evropianizimit, p.sh. (Andonova 2005) (Jacoby 2005), madje edhe një studim statistikor (D. Toshkov 2008) zbuloi se numri i partive në qeveritë e EQL ka ndikuar negativisht në Evropianizimin në kohë të këtyre vendeve. Përveç numrit të lojtarëve të vetos, duhet të konsiderojmë edhe kostot neto të adaptimit të kërkesave të BE-së, pasi edhe në rastet kur mund të ketë një numër më të vogël të lojtarëve të vetos, ata ende mund t'i konsiderojnë kërkesat e BE-së kundër interesit të tyre dhe shumë të kushtueshëm. Përshtatja me kërkesat e BE-së mund të jetë e kushtueshme edhe për një qeveri të vetme. Përafrimi me *acquis* zakonisht krijoi kosto të larta financiare dhe administrative për vendet e EQL-së (U. Sedelmeier 2008, 808). Për të kapërcyer kostot, burimet e mjaftueshme financiare ose ato të personelit janë vendimtare për zbatimin efikas (Falkner, Hartlapp dhe Leiber, etj. 2004, 461). Sa më shumë burime financiare të alokohen nga BE në vendin kandidat, aq më shumë tejkalohen kostot e mundshme kombëtare të përafrimit me politikat e BE-së.

Evropianizimi nëpërmjet Bindjes

BE-ja mund të ndikojë në qeverinë e vendit kandidat edhe përmes fuqizimit të diferencuar të aktorëve vendas, duke ndryshuar strukturën

---

[24] Përcaktuar nga Tsebelis (1995, 301), një lojtar i vetos është një aktor individual ose kolektiv, marrëveshja e të cilit (sipas rregullit të shumicës) është i nevojshme për një ndryshim në politikë.

e mundësive vendore (Schimmelfennig dhe Sedelmeier 2005a, 11). Në ndryshim nga mekanizmi i detyrimit, BE-ja ndikon në vendet kanditate nëpërmjet procesit të bindjes, ku aktorët lokale përmes logjikës së përshtatshmërisë normative përvetësojnë rregullat e BE-së pasi që ata i konsiderojnë si legjitime. Në këtë rast BE-ja nuk ofron ndonjë nxitje konkrete por mbështetet vetëm në përdorimin e normave për të bindur aktorët vendorë që ndryshimet që kërkohen janë në dobi të tyre. Evropianizimi nëpërmjet bindjes duke ndryshuar strukturat e mundësive të brendshme është jo i drejtpërdrejtë, pasi legjislacioni evropian ndikon në rregullimet e brendshme në mënyrë indirekte duke ndryshuar rregullat e brendshme të lojës dhe kështu shpërndarjen e pushtetit dhe burimeve ndërmjet aktorëve vendas në mungesë të një modeli evropian (Knill dhe Lehmkuhl 1999, 1, 258). Strukturat vendase të vendeve kandidate mund të ndryshohen përmes kushtëzimit të tregut dhe përfshirjes pjesërisht në tregun e përbashkët të BE-së, kështu që impakti i BE-së është më pak i drejtpërdrejtë dhe funksionon nëpërmjet presioneve të tregut dhe jo sanksioneve institucionale (Bauer, Knill dhe Pitschel 2007, 413).

Faktori më i rëndësishëm për Evropianizimin e vendeve kandidate është legjitimiteti i BE-së dhe rregullave të saj. Në vend të sanksioneve të drejtpërdrejta të BE-së, legjitimiteti i modeleve të politikave të BE-së të çon drejt evropianizimit. Vendet kandidate përshtaten me legjislacionin e BE nëse ato e perceptojnë BE si një institucion legjitim të përcaktimit të rregullave, dhe normat dhe vlerat e BE-së si të përshtatshme. Vetë BE shihet si legjitime për vendet kandidate të Ballkanit Perëndimor, por përsëri procesi i anëtarësimit mund të krijojë probleme të legjitimitetit, pasi vendet kandidate duhet të pranojnë të gjithë *acquis* dhe nganjëherë edhe kushte shtrënguese (si në rastin e Serbisë për njohjen e Kosovës). Legjitimiteti rritet atëherë kur rregullat e BE-së janë përvetësuar dhe pranuar si standarde të sjelljes së duhur nga qeveria e vendit kandidat. Prandaj, rezonanca normative e qeverisë, d.m.th. 'përshtatshmëria normative' e ligjeve të BE-së me normat dhe vlerat kombëtare, ndihmon në fuqinë bindëse të BE-së dhe rrjedhimisht në performancën e pajtueshmërisë së qeverisë së vendit kandidat

(Schimmelfennig dhe Sedelmeier 2005a, 18). Rëndësia e faktorit të rezonancës së qeverisë me legjislacionin e BE-së mbështetet nga gjetjet empirike të Noutcheva-s (2009, 1067) ku perceptimi i legjitimitetit të kërkesave të BE nga aktorët politikë vendas të vendeve të EJL është një faktor kyç i cili shpjegon rezultatin e Evropianizimit. Për më tepër, Toshkov (2008) (2007) duke matur rezonancë normative në nivelin e qeverive gjen se preferencat politike të qeverisë kanë pasur një ndikim të vogël, por të rëndësishëm në përputhshmërinë me ligjet e BE-së.

Evropianizimi nëpërmjet Socializimit

Një mekanizëm alternativ për të ndikuar në ndryshimet e brendshme është edhe evropianizimi nëpërmjet socializimit i cili i referohet ndikimit njohës të integrimit evropian. Ndryshe nga mekanizmat e tjerë, evropianizimi përmes socializimit vjen si rezultat i përvetësimit kognitiv të procesit. Ndikimi i BE-së është i tërthortë nëpërmjet ndryshimeve të ideve dhe besimeve të aktorëve vendas. Në formën më të butë të saj, politika evropiane as nuk përshkruan kërkesa konkrete institucionale, as nuk modifikon kontekstin institucional për ndërveprimin strategjik, por duke ndryshuar besimet e brendshme mund të ndikojë në strategjitë dhe preferencat e aktorëve vendas dhe potencialisht të çojë në përshtatje institucionale përkatëse (Knill dhe Lehmkuhl 1999, 2, 258). BE-ja, përveç mekanizmit të kushtëzimit dhe bindjes, përdor edhe forma horizontale të qeverisjes, si rrjetëzimi dhe komunikimit në mënyrë që të ndikojë vendet kandidate në përputhshmërinë me legjislacionin e BE-së në një mënyrë më pjesëmarrëse (Lavenex dhe Schimmelfennig 2009, 796).

Evropianizimi nëpërmjet socializimit vjen nëpërmjet rrugëve shoqërore dhe transnacionale dhe ka të bëjnë me rolin e komuniteteve epistemike transnacionale që ushtrojnë presion dhe i bindin qeveritë për legjitimitetin e rregullave dhe kështu nxisin ndryshime (Börzel dhe Risse 2003, 67) (Schimmelfennig dhe Sedelmeier 2005a, 23). BE-ja promovon të mësuarit reciprok dhe shkëmbimin vullnetar të informacionit përmes socializimit të elitave politike dhe administrative në rrjetet dhe programet e sponsorizuara nga BE-ja, dhe si rezultat, në një periudhë afatmesme, pritet që vendet kandidate të tregojnë ndryshime institucionale të brendshme të moderuara, shih (Bauer, Knill dhe Pitschel 2007, 414-416). Vendet kandidate janë përfshirë fort në rrjetet evropiane, gjatë negociatave të anëtarësimit, ku një shembull ilustrues i ndikimit në vendet kandidate bazuara në komunikim është programi i binjakëzimit dhe programi TAIEX i lançuar nga BE.

Programet e binjakëzimit dhe TAIEX janë një shembull i komuniteteve epistemike transnacionale që lehtësojnë evropianizimin në vendet kandidate pasi ndihmojnë vendet kandidate për të përshtatur institucionet e tyre në përmbushjen e kërkesave për anëtarësim duke mësuar nga përvojat e shteteve anëtare mbi hartimin e legjislacionit dhe ndërtimin e kapaciteteve organizative të nevojshme për zbatimin e *acquis* (H. Grabbe 2001, 1024). Në vend të sanksioneve të drejtpërdrejta të BE-së ose legjitimitetit të modeleve të politikave, është procesi i 'të mësuarit' që çon drejt evropianizimit.

Rastet studimore tregojnë se prania e rrjeteve evropiane të ekspertëve dhe zyrtarëve është një kusht i rëndësishëm për transferimin e rregullave të BE-së, veçanërisht në sektorë ku kërkesat e BE-së janë më pak të përcaktuara ose me densitet të ulët, p.sh. (Andonova 2005) (Jacoby 2005). Gjithashtu, edhe studimi statistikor nga Knill dhe Tosun (2009) gjen njëfarë mbështetjeje për rëndësinë e rrjeteve të BE duke argumentuar se sa më shumë një vend të shkëmbejë informacion me BE-në, aq më shumë gjasa ka që ai të miratojë politikat e saj, veçanërisht në terma kohorë afatgjatë.

Rezistence ndaj Evropianizim

Pavarësisht mekanizmave të propozuar, shpesh herë mund të kemi rezistencë ndaj evropianizimit si rezultat i logjikës së trajektores së varësisë. Në këndvështrimin e institucionalizmit historik, ndikimi i trashëgimisë së brendshme të së shkuarës mund të veprojë si një ndryshore e ndërmjetme për të penguar ndryshimet institucionale dhe politike të shkaktuara nga procesi i zgjerimit. Aspekte të trashëguara të së kaluarës janë relevante për të tashmen pasi trashëgimia mund të ndikojë si shkak i brendshëm thellësisht i rrënjosura, ose si shkak i qëndrueshëm por që ndryshojnë me kalimin e kohës, apo edhe si shkak që përfshin ndikimin e brendshëm dhe politikën e BE-së njëkohësisht, shih (Cirtautas dhe Schimmelfennig 2010). Ka arsye teorike që evropianizimi i vendeve kandidate të mund jetë i ngadaltë, i cekët ose i pasigurt për shkak të trashëgimisë të së kaluarës. Vende të tilla si Bullgaria dhe Rumania, u përballën me një trashëgimi të kaluarës të theksuar, prandaj procesi ishte më i ngadaltë në përputhshmërinë me kushtëzimin e BE-së, siç evidentohet nga raportet e progresit të BE-së dhe u reflektua në anëtarësimin e vonuar në vitin 2007 pavarësisht fillimit njëkohësisht me vendet e tjera të EQL të procesit të integrimit evropian. Thellësia e evropianizimit mund të jetë e cekët pasi ndryshimi mund të ndodhë në letër (transpozimi formal), por jo i shoqëruar me efekte reale (zbatim) në kuptimin e ndryshimit të logjikës së sjelljes (H. Grabbe 2006, 105-106). Për më tepër, probleme të tilla të 'rezistencës ndaj evropianizimit' mund të ngrenë çështjen e qëndrueshmërisë së Evropianizimit pas anëtarësimit siç po ndodh me Hungarinë apo Poloninë. Prandaj, në mënyrë që të kuptojmë plotësisht evropianizimin, ne duhet të marrim në konsideratë edhe kushtet që rezultojnë nga trashëgimia historike, të cilat mund të jenë përgjegjëse për një pjesë të mirë të rezultatit të Evropianizimit. Rezistenca ndaj evropianizimit, shpesh duhet kuptuar si veprim i 'pavullnetshëm' pasi edhe pse mund të ketë 'vullnet politik' për të përmbushur kushtet e BE-së, vendeve kandidate mund t'iu mungojnë 'aftësitë' për të përmbushur kushtet, të paktën në fazën e zbatimit. Megjithëse shtetet kanë qëllim për t'u evropianizuar, ato shpesh nuk kanë aftësi ose kapacitetin (Sverdrup 2005, 15).

Në literaturën e evropianizimit, dy janë faktorë kyç të cilët shpjegojnë rezistencën ndaj evropianizimin dhe lidhen me trashëgiminë e së kaluarës: kultura juridike mbizotëruese (sundimi i ligjit) dhe sistemi administrativ (kapacitetet e brendshme të menaxhimit).

Pritshmëria teorike e mekanizmit të brendshëm të menaxhimit parashikon se mospërputhja mund të jetë për shkak të mungesës së kapacitetit administrativ të vendeve kandidate (Tallberg 2002). Faktori kryesor i këtij mekanizmi është efektiviteti burokratik i cili mund të jetë arsyeja e mospërputhjes së pavullnetshme. Në rastin e EQL, gjatë periudhës së anëtarësimit, u pa e arsyeshme se ishte e nevojshme krijimi i një sistemi efikas të administrimit kombëtar për të siguruar transpozimin dhe zbatimin e ligjeve evropiane (J. Zielonka 2001, 513). Mungesa e një strukture të duhur administrative dhe të mjaftueshme për të zbatuar rregullat e BE, bëri që BE të përfshinte si pjesë të kushteve të pranimit edhe krijimin e kapaciteteve administrative, shih, p.sh., (A. Dimitrova 2002). Falkner dhe Treib (2008, 297) pranuan se faktori vendimtar në botën e neglizhencës së transpozimit të legjislacionit me BE-në është 'inercia' administrative e cila shkaktohet nga mos-efektiviteti burokratik. Vendet kandidate të BE-së me burokraci të pavarura dhe efektive kanë më pak probleme në përafrimin me politikat e BE-së. Studimet empirike sasiore mbështesin hipotezën se kapaciteti administrativ është një kusht përcaktues në shpjegimin e performancës së vendeve kandidate, p.sh. (Hille dhe Knill 2006) (D. Toshkov 2007).

Por edhe në qoftë se ekziston infrastruktura e nevojshme administrative dhe ligjet miratohen zyrtarisht, zbatimi dhe funksionimi i tyre varet nga kultura e brendshme ligjore (J. Zielonka 2001, 513). Duke pasur parasysh trashëgiminë komuniste të vendeve kandidate nga Evropa Lindore, ekzistojnë dyshime rreth aftësisë së këtyre shteteve për të ndërtuar sisteme politike të bazuara ekskluzivisht në sundimin e ligjit. Sverdrup (2002, 26) ka gjetur se me zgjerimin në vendete Evropës Qendrore dhe Lindore, rezultati mesatar mbi 'efektivitetin e qeverisë' dhe 'sundimin e ligjit' në BE ka rënë ndjeshëm, kjo për shkak se cilësisë administrative të dhjetë shteteve të reja anëtare është shumë më e ulët se mesatarja e nivelit të BE-së së 15-tshes. Si i tillë, ai pret që numri i procedurave të shkeljes të rritet pasi rezultatet e treguesve të efektivitetit të qeverisë dhe sundimit të ligjit lidhen me numrin e rasteve të shkeljes (Sverdrup 2002, 26).

Model(et) e Evropianizimit ne vendet kandidate

Bazuar në mekanizmat e paraqitur më lart, ky seksion do të përpiqet të sistemojë dhe të ndërtojë modelin e evropianizimit në vendet kandidate. Para së gjithash, duhet të theksojmë se literatura në vendet e EQL ka bërë një dallim të qartë duke formuluar tre modele kryesore, në ndryshim nga literatura në rastin e shteteve-anëtare ku të gjithë elementët janë përmbledhur në një model me disa opsione, shih (Börzel dhe Risse 2003) (Risse, Cowles dhe Caporaso 2001). Të gjitha këto modele janë të bazuara dhe dallohen në radhë të parë nga drejtimi i procesit të evropianizimit.[25] Për sa i përket kahut të ndikimit, evropianizimi mund të jetë i llojit horizontal ose i llojit vertikal. Evropianizimi horizontal apo 'efektet horizontale' janë rezultat i rritjes së konkurrencës dhe bashkëpunimit midis vendeve, i shkëmbimit të informacionit dhe të të mësuarit të ndërsjellë thjesht duke qenë pjesë e një Evrope të integruar (Vink dhe Graziano 2007, 10).

---

[25] Shih për më tepër (Howell 2004).

Tabela 3 Modelimi i Evropianizimit në vendet kandidate - Përmbledhja e mekanizmave, kushteve kryesore shpjeguese dhe rezultatet

<table>
<tr><td rowspan="7">MODELI</td><td>DREJTIMI</td><td colspan="2">EVROPIANIZIMI VERTIKAL</td><td>HORIZONTAL</td><td>---</td></tr>
<tr><td>AKTORËT KRYESORË</td><td colspan="2">I nxitur nga BE</td><td colspan="2">I nxitur nga vetë vendi kandidat</td></tr>
<tr><td rowspan="2">PRESION PËRSHTATJEJE</td><td colspan="2">Po</td><td colspan="2">Jo</td></tr>
<tr><td>Detyrues</td><td>Bindës</td><td colspan="2">Vullnetar</td></tr>
<tr><td>MËNYRA E ADAPTIMIT TË RREGULLAVE</td><td>Shkarkim nga Lart-poshtë</td><td>Ngarkim nga Poshtë-lart</td><td>Transferim Paralel</td><td>---</td></tr>
<tr><td rowspan="12">MEKANIZMAT</td><td rowspan="2">MODELI</td><td>Evropianizimi nëpërmjet kushtëzimit</td><td>Evropianizim përmes bindjes</td><td>Evropianizim përmes socializimit</td><td>Rezistencë ndaj Evropianizimit</td></tr>
<tr><td>Stimujt e jashtëm</td><td>Të mësuarit social</td><td>Nxjerrja e mësimeve</td><td rowspan="2">Trashëgimia</td></tr>
<tr><td rowspan="2">LOGJIKA E VEPRIMIT</td><td>Racionaliste</td><td>Konstruktivist</td><td>Sociologjik</td></tr>
<tr><td>Tratativat – Stimujt</td><td>Fuqia normative</td><td>Fuqia njohëse</td><td>Trajektorja e Varësisë</td></tr>
<tr><td>PROCESI</td><td>Detyrimi</td><td>Fuqizimi</td><td>Inkuadrimi</td><td>Vazhdimësia</td></tr>
<tr><td rowspan="2">KANALET E INFLUENCËS</td><td>Direkte</td><td>Më pak direkte</td><td>E Tërthortë</td><td>---</td></tr>
<tr><td>Ndërqeveritar</td><td colspan="2">Transnacional dhe Social</td><td>Vendor</td></tr>
<tr><td rowspan="2">FOKUSI</td><td rowspan="2">Institucional</td><td colspan="2">Aktorët</td><td rowspan="2">E shkuara</td></tr>
<tr><td>Preferencat</td><td>Idetë</td></tr>
<tr><td rowspan="2">KUSHTET KRYESORE</td><td>NË NIVEL EVROPIAN</td><td>- Kredibilitetit i anëtarësisë
- Vendosmëria (qartësia + formaliteti) i kushtëzimit
- Densiteti i ulët i kërkesave të BE-së
- Burimet financiare</td><td>- Legjitimiteti</td><td>- Komuniteti epistemologjik dhe Rrjetet evropiane
- Programe Komunitare të shkëmbimit</td><td>---</td></tr>
<tr><td>NË NIVEL VENDOR</td><td>Kosto e ulët politike dhe monetare</td><td>- Rezonanca
- Identiteti</td><td>- Pakënaqësia me politikat
- Transferueshmëria e rregullave</td><td>- Kultura Politike
- Kapaciteti administrativ</td></tr>
<tr><td>REZULTATI</td><td></td><td>Më shumë ndikim formal (adoptim)</td><td>Më shumë ndikim në sjellje (zbatim)</td><td>Më shumë ndikim në komunikim (diskurs)</td><td>Rezistencë ndaj ndikim komunikativ, formal dhe në sjellje</td></tr>
</table>

Evropianizimi horizontal është transferim paralel i modeleve dhe praktikave të mira në mënyrë vullnetare pasi zakonisht presioni i përshtatjes mungon. Efektet janë indirekte dhe të pa qëllimshme. Ndërsa evropianizimi vertikal ushtron presion adaptimi dhe mund të jetë ose shtrëngues ose bindës. Ky presion vertikal mund të jetë si rezultat i një procesi nga lart-poshtë (shtrëngues) ose nga poshtë-lart (bindës). Evropianizimi vertikal nga lart-poshtë nënkupton 'shkarkimin' e rregullave mbi shtetet kandidate ndërsa ai bindës nga poshtë-lart nënkupton ngarkim të ideve, mënyrave dhe sjelljes joformale të vendorëve në zhvillim të procesit të zgjerimit. Nga njëra anë është BE-ja që mund të nxisë procesin e evropianizimit nga lart-poshtë ose vetë aktorët e brendshëm mund ta përdorin Evropën pa ndonjë presion specifik nga Brukseli ose mund të transferojnë në mënyrë të vullnetshme modelet më të mira evropiane. Shtetet kandidate ose mund ti përgjigjen pozitivisht presionit të BE-së ose mund ta përdorin Evropën ose të mund të transferojnë praktikat të mira, shih (Radaelli 2004, 11).

3
POLITIKA E ZGJERIMIT NË BALLKANIN PERËNDIMOR

Nëse duam më shumë stabilitet në fqinjët tanë, atëherë duhet të mbajmë një perspektivë të besueshme të zgjerimit për Ballkanin Perëndimor. Është e qartë se nuk do të ketë zgjerim të mëtejshëm gjatë mandatit të këtij Komisioni dhe këtij Parlamenti. Asnjë kandidat nuk është ende i gatshëm Por më pas Bashkimi Evropian do të jetë më i madh se 27 në numër. Kandidatët për anëtarësim duhet ti japin përparësi maksimale sundimit të ligjit, drejtësisë dhe të drejtave themelore. Jean-Claude Juncker, Presidenti i Komisionit Evropian (2017)

HISTORIKU I QASJES SË BASHKIMIT EVROPIAN NDAJ BALLKANIT PERËNDIMOR[26]

Qasja e 'Tokës të Panjohur'[27] (1990-1995)

Menjëherë pas rënies së komunizmit, Evropa Lindore përjeton një ndarje në 'dy kampe', gjë e cila do të reflektohej edhe në marrëdhëniet e ndryshme që do të krijoheshin me Bashkimin Evropian (asaj kohe komuniteti Evropian). Megjithëse BE-ja u zotua të zgjerohej drejt lindjes, qasja ndaj vendeve të Evropës Qëndrore dhe Ballkanit ishte e ndryshme. BE-ja në marrëdhënie me pjesën tjetër të Evropës kishte tre linja kryesore: atë me Evropën Qëndrore dhe Lindore si 'fqinjët e saj të

---

[26] Ky seksion bazohet në punimin (Jano 2008a).

[27] *'Terra Incognita'* (tokë e panjohur) është një term i përdorur nga (M. Smith 2000) për të përshkruar qasjen e BE-së në Ballkanin Perëndimor në fillim të viteve '90.

afërt', me vendet e ish-Bashkimit Sovjetik dhe Mesdheun si 'vende më afër jashtë saj'; dhe me vendet e Ballkanit si një 'tokë e panjohur' jo vetëm në kuptimin e saj të parë por edhe në lidhje me rolin negociues të BE-së (M. Smith 2000, 817-819). Në gjysmën e parë të viteve '90, marrëdhëniet ndërmjet BE-së dhe Ballkanit Perëndimor ishin minimaliste, kjo kryesisht për shkak të përjetimeve të ndryshme të tranzicionit në këto vende. Që nga fillimi i shpërbërjes së Federatës Jugosllave deri në fazën akute të luftës në Bosnje (1995), synimi i BE-së ishte të mbante larg vetes problemet e rajonit. Si BE-ja ashtu edhe shtetet e saj anëtare, vendosën strategjinë e mbajtjes së 'infeksionit në gjatësi të krahut' (M. Smith 2000, 817). Për pjesën më të madhe të viteve '90, BE-ja veproi në rajon vetëm në fushën e menaxhimit të krizave dhe ndihmave humanitare. Strategjia e BE-së për Ballkanin Perëndimor u karakterizua nga mosndërhyrja e duhur që në fazat e hershme të krizës jugosllave (D. Papadimitriou 2002, 186), si dhe nga ndihma jo e rëndësishme për të ndihmuar Shqipërinë të kapërcente vetëm varfërinë e saj ekstreme. Presioni diplomatik i BE-së dhe ndihmat humanitare u karakterizuan nga një efekt 'distancues', që do të thotë se BE ishte e gatshme të ndërhynte pas krizave për rindërtimin e vendit, por jo të përfshihej në fazën akute të menaxhimit të krizës (M. Smith 2000, 817-818).

Pjesa më e madhe e ndihmës Evropiane erdhi përmes programeve Phare dhe Obnova. Pavarësisht se programi Phare u krijua për vendet e Evropës Qendrore dhe Lindore, në rajonin e Ballkanit Perëndimor ky program pati objektiva të ndryshëm në krahasim me EQL. Programi Phare në vendet e EQL, bashkë-financonte ndërtimin e institucioneve dhe ngritjen e infrastrukturës për zbatimin e *acquis*, ndërsa ndihma Phare për Ballkanin Perëndimor ishte më e kufizuar dhe kryesisht ishte përqendruar në menaxhimin e konfliktit dhe në ndihma humanitare (G. Dimitrova 2003, 9-12). Pothuajse më shumë se 50% e fondeve të BE-së në atë periudhë ishin me karakter humanitar për të ndihmuar vendet e Ballkanit Perëndimor të mbijetuar, pra këto fonde shkonin veçanërisht për konsum dhe jo për investime apo ngritje kapacitetesh si në EQL (Uvalic 2001, 16). Strategjia e BE-së synonte të nxiste vetëm vendet që tashmë kishin (apo konsideroheshin se kishin) përparuar mjaftueshëm me reformat politike dhe ekonomike, duke i hapur kështu rrugën fillimit të negociatave për marrëveshjen e Asociimit. Në këtë drejtim, vendet e Ballkanit Perëndimor mbeten prapa pasi ato po përballeshin me përparësitë e rajonit si konfliktet etnike dhe çështjet e varfërisë.

Qasja Rajonale (1995-1999)

Pas përfundimit të luftës në Bosnjë në vitin 1995, politikat e BE-së kundrejt Ballkanit Perëndimor shënoj një kthesë, megjithëse fokusi i saj kryesor ishte ende stabilizimi i rajonit. BE filloi të shihte Ballkanin Perëndimor më shumë si pjesë e Evropës dhe jo më si një rajon larg dyerve të saj. Ideja se 'Ballkani Perëndimor është Evropë' mishëronte moralin thelbësor të Bashkimit Evropian kur trajtohej rajoni (International Commission on the Balkans 2005, 6). Në këtë fazë, detyra e menjëhershme dhe sfida e re e BE-së u përqendrua më shumë në atë se si të ndihmonte në transformimin e Ballkanit të vjetër i cili ishte literalisht kaotik, i përgjakur dhe i paparashikueshëm në një Evropë Juglindore të qëndrueshme, paqësore dhe të besueshme (International Commission on the Balkans 2005, 3). Si pasojë e zhvillimeve politike rajonale, BE-ja ndërmori të ashtuquajturën *Qasje Rajonale*[28] e cila synonte në bashkëpunimin politik dhe ekonomik midis të gjitha vendeve të Ballkanit (përfshirë Bullgarinë dhe Rumaninë). Iniciativat e ndërmarra nga BE-ja në atë kohë kishin të gjitha dimensionin rajonal. Një shembull i mirë është Procesi i Royaumont-it për Stabilitetin dhe Qeverisjen e Mirë, i iniciuar në një konferencë rajonal të organizuar nga Bashkimi Evropian më 13 dhjetor 1995.

Pavarësisht hapave përpara në marrëdhëniet BE-BP, Qasja Rajonale në fazën e saj të parë (1995-1999) ka një numër mangësish. Së pari, pavarësisht nga emri, qasja e BE-së ndaj rajonit ishte më shumë në nivel dypalësh sesa rajonal (Biermann 1999, 817) (Panebianco dhe Rossi

---

[28] Në 26 shkurt 1996, BE-ja miratoi Qasjen Rajonale për vendet e Evropës Juglindore. Shih Konkluzionet e Këshillit të Çështjeve të Përgjithshme (*Conclusions of the General Affairs Council of 26 February 1996*).

2004, 5). Së dyti, strategjia e BE-së do të ishin më shumë një vazhdimësi e qasjes 'Terra Incognita', ku efekti 'distancues' ishte më i dukshëm me krizën shqiptare të vitit 1997 (M. Smith 2000, 817). Së treti, të gjitha iniciativat rajonale ishin të vonuara, pas katër vitesh konfliktesh ushtarake (Uvalic 2001, 13), duke qenë më shumë reagime post-konflikt (Anastasakis dhe Bojicic-Dzelilovic 2002, 26), sesa strategji të mirë-menduara parandaluese dhe në funksion të nevojave të Ballkanit Perëndimor. Duke cituar ish-Ministrin e Jashtëm Gjerman Joschka Fischer 'BE-ja u përqendrua në pasojat në vend se në burimin e konfliktit' (Friis dhe Murphy 2000, 770). Suksesi i Qasjes Rajonale gjithashtu u dobësua nga mungesa e burimeve të mjaftueshme financiare (D. Papadimitriou 2002, 187) dhe zakonisht shumica e iniciativave nuk ishin gjithëpërfshirëse por kufizoheshin në një ose disa fusha (Uvalic 2001, 12). Qasja rajonale u vlerësua si 'jashtë kontekstit' duke pasur parasysh se vendet e interesuara kishin 'shkallë të ndryshme të integrimit me BE-në' (Anastasakis dhe Bojicic-Dzelilovic 2002, 26). Bullgaria dhe Rumania ishin pjesë e procesit të zgjerimit të BE-së; Shqipëria dhe Maqedonia kishin marrëveshje tregtare dhe bashkëpunimi me BE-në; ndërsa marrëdhëniet me Republikën Federale të atëhershme të Jugosllavisë ishin ngrirë pasi që nuk i plotësonin kriteret përkatëse (Friis dhe Murphy 2000, 770). 'Tendencat unifikuese' të qasjes rajonale ngjallën frikën midis vendeve më të avancuara të Evropës Juglindore pasi ata e perceptonin pjesëmarrjen e tyre në iniciativat e bashkëpunimit rajonal si një vonesë në integrimin e tyre në BE (G. Dimitrova 2003, 5; 44). Por qasja rajonale ishte e papranueshme edhe nga vendet e tjera. Vetë Komisioni Evropian do të pranonte (1999) se vendet e Ballkanit Perëndimor nuk reaguan pozitivisht ndaj stimujve të ofruar nga Qasja Rajonale e BE-së (Hoffmann 2005, 59). Kjo ishte kryesisht për shkak se Qasja Rajonale e BE-së (1995-1999) nuk kishte një strategji afatgjate dhe një perspektivë të anëtarësimit për vendet e Ballkanit Perëndimor, në një kohë kur shumica e tyre kishin prioritet integrimin në BE. Prandaj të gjitha nismat ballkanike para Paktit të Stabilitetit, perceptohen kryesisht si të konceptuara jo-drejt dhe të pamjaftueshme (Biermann 1999, 9).

Qasja Gjithëpërfshirëse (2000 - e më pas)

Politikat ekzistuese të BE-së ndaj rajonit të Ballkanit Perëndimor asaj kohe ishin të mangëta dhe të papërshtatshme. BE nuk mund të mbështetej vetëm në qasjen rajonale, pasi vetëm bashkëpunimit rajonal dhe rindërtimit ekonomik nuk mjaftonin. Përballja me një realitet të tillë do të bënte BE të kërkonte alternativa të tjera që kishin një qasje më të gjerë dhe më të integruar. Gjatë Këshillit Evropian të Vjenës në dhjetor 1998, BE vendosi të përgatisë një 'strategji të përbashkët' për Ballkanin Perëndimor.

Kriza e Kosovës dhe ndërhyrja e NATO-s në vitin 1999 ishin një tjetër paralajmërim, që nxiti BE-në ti kushtojë më shumë vëmendje dhe ndoshta të paraqesë një qasje më gjithëpërfshirëse për të gjithë rajonin e BP duke konsideruar edhe çështjen e zgjerimit të saj në PB. Si përgjigje ndaj këtyre nevojave, ministrat e jashtëm të BE u takuan në një takim të veçantë në Këln në qershor 1999 dhe iniciuan 'Paktin e Stabilitetit për Evropën Juglindore'. Kjo iniciativë ishte angazhimi i parë serioz dhe shembulli i ndryshimit të strategjisë së BE-së ndaj rajonit, e cila bashkoj një numër shumë të madh vendesh dhe organizatash (D. Papadimitriou 2002, 188), duke zëvendësuar strategjinë e mëparshme të menaxhimit të krizave me një strategji gjithëpërfshirëse të parandalimit të konfliktit dhe një politikë të mirëfilltë të zhvillimit ekonomik. Elementi i ri dhe më i rëndësishëm që përmbante Pakti i Stabilitetit, përveç qëllimit për të promovuar dhe koordinuar përpjekjet e përbashkëta të të gjithë anëtarëve të tij në parandalimin e konflikteve dhe ndërtimin e paqes, ishte perspektiva e anëtarësimit në strukturat euroatlantike për vendet e Ballkanit Perëndimor.

Ministria e Jashtme e Gjermanisë, e cila kishte Presidencën e BE-së në atë periudhë, vlerësoi se perspektiva e anëtarësimit në BE dhe NATO ishte mënyra më efektive për të stabilizuar rajonin në një periudhë afatgjatë; nëse perspektiva e anëtarësimit besohet të ishte efektive në përshpejtimin e demokracisë dhe reformave ekonomike në Evropën Qendrore dhe Lindore, pse të mos ishte e mundur që i njëjti ushtrim të përsëritej edhe për Evropën Juglindore (Friis dhe Murphy 2000, 769). Në thelb të kësaj strategjie ishte projekti i evropianizimit të rajonit, i cili do t'i ankoronte vendet e Ballkanit Perëndimor përfundimisht në strukturat dhe vlerat e Komunitetit Euro-Atlantik (Friis dhe Murphy 2000, 769). Një hap tjerë i rëndësishëm drejt forcimit të marrëdhënieve BE-BP do të hidhej në qershor të viti 2000, ku Këshilli Evropian konfirmon perspektivën e vendeve të Ballkanit Perëndimor për të qenë vende potencialisht kandidatë për anëtarësim në BE.[29] Një tjetër zhvillim i rëndësishëm ishte edhe Samiti i parë i shteteve të Ballkanit dhe Bashkimit Evropian i mbajtur në Zagreb në nëntor të vitit 2000. BE dhe vendet e Ballkanit Perëndimor ranë dakord të vazhdojnë me 'Procesin e Stabilizim-Asociimit' (SAp) si një mundësi për të përgatitur rajonin për reforma të qëndrueshme dhe arritjen e statusit kandidatit. Vendet e Ballkanit Perëndimor u angazhuan për të krijuar marrëdhënie të reja midis vendeve të tyre, duke nxitur bashkëpunimin rajonal, duke mbështetur reformat strukturore si dhe duke respektuar standardet demokratike dhe detyrimet ndërkombëtare, ndërsa BE-ja premtoi t'i ofrojë të gjitha vendeve të rajonit perspektivën evropiane për të qenë kandidatë të mundshëm për anëtarësim përmes Procesit të Stabilizim Asociimit (European Commission 2000). Perspektiva e kandidimit të mundshëm ishte motivimi kryesor i cili u ofrua nga BE-ja në këmbim të angazhimit nga vendet e Ballkanit Perëndimor për të ndërmarrë një sërë reformash.

Këshilli i Çështjeve të Përgjithshme të Bashkimit Evropian argumentoi se, për shtetet e BP, procesi i formulimit të qasjes së procesit të Sabilizim-Asociimit ka provuar një mjet efektiv për të përqendruar mendjet e autoriteteve në reformat thelbësore si dhe për t'i angazhuar ata në një mënyrë të qëndrueshme për të siguruar zbatimin (Council of the European Union 2001). Rëndësia e Samitit të Zagrebit qëndron në

---

[29] *Objektivi i BE-së mbetet integrimi i plotë i vendeve të rajonit në rrjedhën politike dhe ekonomike të Evropës përmes Procesit të Stabilizim-Asociimit, dialogut politik, liberalizimit të tregut dhe bashkëpunimit në sektorin e Drejtësisë dhe Punëve të Brendshme. Të gjitha vendet në fjalë janë kandidatë të mundshëm për anëtarësim në BE* (Council of the European Union 2000, § 67).

faktin se për herë të parë BE-ja doli me një ide mjaft të qartë të vizionit të saj për shtetet e BP (shtete potencialisht kandidate) dhe akoma më i rëndësishëm ishte mekanizmi se si kjo mund të realizohej (Procesi i Stabilizim-Asociimit) (Vlahutin 2004, 26).

Angazhimi i BE për të ndihmuar shtetet e Ballkanit Perëndimor në përgatitjen e tyre për anëtarësim u ri-konfirmua në Këshillin Evropian të Selanikut të mbajtur në qershor 2003, nën presidencën Greke. Axhenda e re për Ballkanin Perëndimor pasuroi procesin e stabilizim-asociimit duke përfshirë krijimin e Partneriteteve të reja Evropiane, të cilat do të bazoheshin mbi Marrëveshjet e Stabilizim-Asociimit (MSA) të negociuara më parë dhe do të synonin ofrimin e asistencën për nevojat specifike të secilit vend. Megjithëse Partneriteti Evropian ishte instrumenti i ri për të përkthyer prioritetet e përgjithshme të procesit të SA në masa specifike të politikave, ende ekzistonte dyshimi nëse ky partneritet ishte vërtet i barabartë (Bechev dhe Andreev 2005, 15), (Chandler 2003). Megjithëse procesi i Stabilizim-Asociimi ishte vetëm një perspektivë e anëtarësimit në BE, pa iu dhënë statusin kandidat të para-anëtarësimit vendeve të Ballkanit Perëndimor, ai përsëri shtroi disa elemente të procesit të zgjerimit duke zvogëluar hendekun midis procesit të stabilizim-Asociimit dhe para-anëtarësimit (Lehne 2004, 114). Disa nga këto elemente të politikës së zgjerimit ishin hapja e programit të binjakëzimi për shkëmbimin e stafit administrativ nga shtetet anëtare; hapja e programeve kërkimore dhe arsimore të BE-së në rajon; aksesi në programin TAIEX (Zyra e Shkëmbimit të Informacionit të Ndihmës Teknike); kualifikimi për përfitimin e asistencës teknike për harmonizimin e legjislacionit kombëtar me *acquis* e BE-së. Disa nga mangësitë e Axhendës së Selanikut për tu konsideruar ishin mungesa e një koncepti për kohezionin social dhe ekonomik për të ulur rritjen e pabarazive midis BP dhe shteteve të EQL në proces anëtarësimi; mos-transferimi i procesit të SA në Drejtorinë e Përgjithshme të Zgjerimit; si dhe nxitja për bashkëpunimin ndër-rajonal më shumë se bashkëpunimi funksional brenda një kuadri më të gjerë evropian (Van Meurs 2003, 16).

ARSYET E ZGJERIMIT TË BE-SË NË BALLKANIN PERËNDIMOR[30]

Vetëm pas rënies së 'perdes së hekurt'[31], Evropa e ndarë në dysh, në kampin perëndimor dhe atë lindor, pati shansin për tu ribashkuar. Ishte pikërisht ky moment i veçantë dhe ideja pan-evropiane të cilat vendosën bazat për zgjerimin e BE-së në Evropën Lindore. Asaj kohe, vendet e EQL përdorën retorikën e 'kthimit në Evropë' si argumentin kryesor për të mbështetur dëshirën e tyre për anëtarësim, kurse nga ana tjetër, BE-ja kishte të paktën detyrën morale për të 'kompletuar Evropën' duke u zgjeruar në lindje. Tani pas afro 20 vitesh, vendet e EQL janë shtete anëtarë të BE-së, kurse vendet e Ballkanit Perëndimor janë akoma në proces anëtarësimi, përveç Kroacisë e cila u anëtarësua në vitin 2013. Retorika e vjetër e 'rikthimit në Evropë', ishte e pavlefshme në rastin e Ballkanit Perëndimor për shkak të vonesës në marrjen e perspektivës për anëtarësim. Retorika e cila dominoj diskursin e zgjerimit në rastin e Ballkanit Perëndimor, atëherë dhe në një masë të madhe edhe sot, është 'çështja e stabilitetit'. Mënyra më e mirë për të shmangur rrezikun potencial të konflikteve dhe të paqëndrueshmërisë politike në rajon është nëpërmjet integrimit të Ballkanit në BE. Ndërsa çështja e 'kredibilitetit' të BE-në si lider dhe kontribuues i suksesshëm në ruajtjen e paqes dhe stabilitetit në botë duket se është akoma e vlefshme edhe me zgjerimet e mëtejshme. Përveç kësaj retorike kauzale ka edhe argumente të tjera që shpjegojnë pse zgjerimi i BE-së drejt Ballkanit Perëndimor duhet të përfundojë sa më shpejt të jetë e mundur. Në këtë kontekst zgjerimi mund të shihet si një mundësi për të ri-konfirmuar vlerat dhe normat e përbashkëta evropiane apo si një mjet për të konsoliduar demokracinë dhe për të rritur performancën ekonomike.

---

[30] Ky seksion bazohet në (Jano 2009).

[31] Termi 'perde e hekurt' u përdor për herë të parë nga Winston Churchill në një nga fjalimet e tij mbajtur në Kolegjin Westminster më 5 mars 1946. Shih: (Churchill 1946). Që prej atëherë ky term mori një përdorim të gjerë dhe tërhoqi vëmendjen e menjëhershme ndërkombëtare dhe pati një ndikim të madh në opinioni publik në Evropën Perëndimore dhe Shtetet e Bashkuara të Amerikës. Pas viteve '90 ky term u referuar gjerësisht si 'rënia e perdes së hekurt'.

Ekzistojnë çështje të ekonomisë, gjeopolitikës dhe eksternaliteteve të tjera që mund të bindin të dy aktorët të bashkëpunojnë me synim maksimizimin e interesave të tyre dhe promovimin e vlerave evropiane. Në rastin e Ballkanit Perëndimor ka një kombinim të këtyre motivimeve, 'por një hetim i mëtejshëm dhe dallimi i arsyeve që kanë më shumë rëndësi kërkon vëmendje të veçantë ndaj rasteve të veçanta (Scherpereel 2005, 349).

Stimujt Ekonomikë

Përfitimet ekonomike materiale janë një nga argumentet kryesorë që shpjegojnë pse zgjerimi i mëtejshëm i BE-së është i mundshëm. Ekonomistët duket se pajtohen me faktin që integrimi i mëtejshëm ekonomik duke shtuar më shumë vende në tregun e vetëm evropian, bën që të përfitojnë ekonomitë e BE-së në tërësi. Në terma afat-gjatë, zgjerimi i BE-së vlerësohet pozitiv dhe se i ka sjellë përfitime gjithë bashkimin evropian. Pikëpamjet optimiste të cilat e shohin zgjerimi si një marrëveshje ekonomike fitim-prurëse për të dy palët, si për BE-në ashtu edhe për shtetet anëtare të reja, janë bazuar në rezultatet e studimeve mbi efektet ekonomike të Zgjerimit Lindor (Baldwin, Francois dhe Portes 1997, 125).[32] Si rezultat i këtyre përfitimeve ekonomike të zgjerimit, stimujt ekonomik marrin një rëndësi të veçantë në 'nxitjen' e zgjerimeve të mëtejshme.

Në rastin e Ballkanit Perëndimor, stimuj ekonomikë janë më tepër një motivim për Ballkanin Perëndimor sesa për vet BE-në, për shkak të përfitimeve ekonomike nga politikat dhe buxheti i përbashkët evropian. Ballkani Perëndimor duke iu bashkuar BE-së synon të rrisë normat e prodhimit dhe të zhvillimit përmes nxitjes së sipërmarrjes, investimeve dhe transferimit të teknologjisë, ashtu siç ndodhi në vendet e EQL. Procesi i anëtarësimit mund të transformojë praktikisht ekonominë e një vendi, pasi ai siguron asistencë teknike dhe financiare. Nga perspektiva

---

[32] Shih gjetjet e raportit të Komisionit që shqyrtoi ecurinë makroekonomike dhe rezultatet e zgjerimit të BE-së në 25 vende (European Commission 2006, 1).

e BE-së, përfitimet ekonomike të zgjerimit në Ballkanin Perëndimor janë indirekte dhe modeste. Pavarësisht se BE-ja është partneri kryesor tregtar i pothuajse të gjitha vendeve të Ballkanit Perëndimor (Gligorov, Kaldor dhe Tsoukalis 1999, 34), përfitimet materiale nga rajoni janë ekonomikisht të parëndësishme për BE-në. Arsyeja kryesore e logjikës ekonomike të BE-së në rajon është 'kostoja e lartë e mos-zgjerimit' (Prodi 2002, 5). Për BE-në do të kishte qenë më pak e kushtueshme të shpenzonte në politikën e zgjerimit sesa në misionet ushtarake apo ndihmat humanitare në Ballkanin Perëndimor. Kontributet nga Bashkimi Evropian dhe Shtetet Anëtare të saj në rajon vlerësohen në shumë rreth 8.3 miliardë euro për periudhën 1991-1999, ku pjesa më e madhe e këtyre fondeve, gati 50%, ka qenë në formë të ndihmës humanitare (Uvalic 2001, 16). Vetëm në periudhën 1991-94 shpenzimet e BE-së për ndihma humanitare në ish-Jugosllavi arrinin në vlerën rreth 2.4 miliardë dollarë (Bojicic, Kaldor dhe Vejvoda 1995, 48). Ky buxhet i siguruar nga BE-ja në formën e ndihmës së menaxhimit të krizave do të kishte pasur rezultate më pozitive nëse fondet do të ishin alokuar për ndërtimin e institucioneve dhe ngritjen e kapaciteteve në përgatite për anëtarësim në BE, si në rastin e EQL.

Në përgjithësi, argumenti i stimujve ekonomik është shumë i përgjithshëm dhe nuk mund të shpjegojë anëtarësimin, pasi ai mund të çojë në forma të tjera të bashkëpunimit ekonomik si në rastin e Zvicrës apo Norvegjisë, duke e mbajtur vendin jashtë anëtarësimit të plotë. Në rast të stimujve ekonomikë, do të ishte më racionale nga ana e BE-së vetëm zgjerimi i Bashkimit Doganor në të gjithë Ballkanin Perëndimor - siç është rasti me Turqinë - në mënyrë që BE-ja të depërtojë në më shumë tregje.

Reduktimi i Eksternaliteteve Negative

Në rastin kur vendet kandidate nuk mund të sigurojnë rritje ekonomike dhe prosperitet në bashkim evropian, pasi ato thjesht mund të jenë vende të varfra dhe tregje jo tërheqëse, argumentet racionalë për pranimin e këtyre shteteve ende mund të ekzistojnë si pasojë e eksternaliteteve negative të krijuara nëse këto shtete mbetën jashtë BE-së (Mattli dhe Plümper 2002, 553). Për BE-në një eksternalitet i tillë negativ i përhapjes së mundshme të krizave nga vendet fqinje mund ta detyrojnë BE-në që të përshpejtojë zgjerimin ose të paktën të kërkojë lidhje më të ngushta me vendet këto vende (Mattli dhe Plümper 2002, 554).

Në të shkuarën, Ballkani Perëndimor u përshi në konflikte të dhunshme civile dhe etnike. Janë pikërisht luftërat në rajon të cilat influencuan politikën e zgjerimit. Çështja e stabilitetit dhe normalizimi i marrëdhënieve midis shteteve të Ballkanit Perëndimor është lajtmotivi kryesor i zgjerimit Evropian drejt Ballkanit Perëndimor. Në këtë perspektivë, zgjerimi mund të shihet si një strategji për të stabilizuar rajonin e përfshirë në konflikte etnike dhe trazira politike. Logjika e një zgjerimi strategjik në Ballkanin Perëndimor qëndron në faktin se perspektiva e anëtarësimit do të zvogëlonte kërcënimet ndaj stabilitetit në këtë pjesë të rajonit dhe për më tepër do t'i pengonte ato të përshkallëzoheshin dhe të destabilizonin të gjithë Evropën. Në këtë kontekst, politika e zgjerimit është instrumenti më i efektshëm dhe mënyra më direkte që BE-ja të mund të neutralizojë çdo eksternalitet negativ që vjen nga rajoni.

Nga ana tjetër, Ballkani Perëndimor i mbetur jashtë BE-së po përballet me eksternalitete negative. Me futjen e Bullgarisë, Rumanisë dhe së fundmi edhe të Kroacisë në BE, vendet e tjera në rajonin e Ballkanit Perëndimor janë shndërruar në një 'ishull të izoluar' të rrethuar nga shtete-anëtare të BE. Kjo rrethanë është në vetvete një arsye e mjaftueshme për vendet e Ballkanit Perëndimor që të kenë prioritet çështjen e anëtarësimit në BE pasi 'mos-zgjerimi, zgjerimi i kufizuar ose integrimi i diferencuar' mund të çojë në një izolim afatgjatë dhe margjinalizim të vendeve të mbetura jashtë BE-së (Bugajski 2001, 42). Të qenurit jashtë BE-së dhe në të njëjtën kohë i rrethuar nga vendet e BE-së do të shkaktojë izolimin e vendeve të Ballkanit Perëndimor, me pasojë një numër externalitetesh negative të cilat mund të jenë të

krahasueshme me atë që rajoni i Kaliningrad-it po përjeton.[33] Analogjia
këtu është se Ballkani Perëndimor, duke qenë i rrethuar nga shtete-
anëtare të BE dhe në të njëjtën kohë i shkëputur nga BE-ja, mund të
përballen me pasoja të ndryshme negative në çështjet e tyre politike,
ekonomike, sigurisë dhe ato shoqërore. Kjo mund të sjellë një lodhje
tjetër që i shtohet dobësive tashmë të rajonit.

Eksternalitetet negative në të dyja anët janë të lidhura dhe të
ndërvarura nga njëra-tjetra. Lënia jashtë e Ballkani Perëndimor mund të
kontribuojë negativisht në stabilitetin e rajonit dhe si pasojë në gjithë
kontinentin evropian. Ky efekt negativ ciklik e bën BE-në më të
ndjeshëm ndaj zhvillimeve në Ballkanin Perëndimor për shkak të
pasojave të rënda jo vetëm për vendet anëtare të BE-së që kufizojnë
rajonin, por edhe për BE-në tërësi. Duke qenë një enklavë brenda
kufijve të BE-së, stabiliteti i rajonit mund të ketë një efekt domino
negativ në çdo moment nëse vendet e rajonit nuk anëtarësohen. Duke
pasur një interes të tillë gjeopolitik në rajon, është prioritare për BE-në
të kërkojë gjetjen e formave të ngushta të bashkëpunimit me vendet e
Ballkanit Perëndimor me qëllim që të ndikojë në rrjedhën pozitive të
ngjarjeve atje. Mënyra më efikase për BE-në që të legjitimojë ndikimin
e saj në Ballkanin Perëndimor është përmes procesit të zgjerimit. Rasti
i konflikti në Maqedoni (në 2001) është shembulli më i mirë i ndikimit
pozitiv, ku nënshkrimi i Marrëveshjes së Stabilizim Asociimit me
Maqedoninë ishte nxitja më e fortë që BE-ja përdori për të ushtruar
presion mbi të dy palët në konflikt në mënyrë që të arrihej marrëveshja
politike (Piana 2002, 212). E njëjta perspektivë e zgjerimit u përdor në
rastin e Serbisë, ku BE-ja ofroi një 'anëtarësim të shpejtë' (nënshkrimi
i MSA-së) në këmbim të qëndrimeve konstruktive të Serbisë mbi
Kosovën.

---

[33] Rasti i Kaliningradit meriton të konsiderohet këtu për shkak se është 'prerë' prej
kontinentit rus nga shtete të tjera (ish-republika sovjetike). Ky fakt ka pasur - dhe
vazhdon të ketë - një efekt të rëndësishëm që përkeqëson çështje të sigurisë, situata të
ndryshme politike, ekonomike dhe psikologjike, shih: (Pertti, Dewar dhe Fairlie
2000).

Argumentet Normativë

Përveç stimulimeve të prekshme (ekonomike dhe të sigurisë) të logjikës së përllogaritjes kosto-përfitim, vendet e Ballkanit Perëndimor janë pa asnjë dyshim pjesë përbërëse e Evropës duke u dhënë atyre të drejtën morale dhe ligjore për të qenë pjesë e BE-së. Tradicionalisht, rajoni është perceptuar si ana e errët e 'qytetërimit perëndimor' që qëndron në kundërshtim me vlerat dhe normat evropiane (Todorova 1994, 482). Por pas viteve '90 Ballkani Perëndimor ka përparuar, duke lënë pas epokën e Ballkanizimit dhe duke bërë përpjekje drejt konsolidimit të demokratizimit dhe përqafimit të vlerave dhe normave evropiane. Afërsia normative me vlerat evropiane dhe orientimin pro-evropian mund të evidentohet në retorikën e elitave politike të vendeve të Ballkanit Perëndimor. Referenca ndaj standardeve dhe vlerave evropiane është bërë fjalori i politikanëve në të gjithë rajonin. Edhe në rastin më të vështirë si ai i Serbisë për shkak të mbështetjes së BE-së mbi pavarësinë e Kosovës, fushatat e presidentëve fitues (Tadiç dhe Vučić) ishin përqendruar në integrimin dhe vlerat evropiane. Roli i BE-së dhe karrota e anëtarësimit të saj ka qenë një magnet dhe burim frymëzimi për përpjekjet e rajonit për të ndërtuar shtete dhe shoqëri moderne (Bechev 2006b, 23). Identifikimi me vlerat evropiane dhe për më tepër anëtarësimi i Kroacisë në BE, do të ndikojnë në përmirësimin e imazhit të vendeve të Ballkanit Perëndimor. Duke u asociuar me BE-në, shtetet e Ballkanit Perëndimor mund të 'legjitimojnë' para elektoratit të tyre dhe në mbarë botën përparimin dhe konsolidimin e tyre demokratik pasiqë BE-ja është ekskluzivisht një 'klub' i demokracive liberale.

Nga ana tjetër, dështimi për të sjellë Ballkanin Perëndimor më pranë normave dhe vlerave evropiane do të vazhdojë të dëmtojë kredibilitetin e BE-së. BE-ja ka, të paktën, detyrimin moral të mbajë premtimin e dhënë vendeve në Ballkanin Perëndimor për tu anëtarësuar. Humbja e kredibilitetit duke mos u zgjeruar më tej me Ballkanin Perëndimor, është argument që BE-ja të mos kundërshtojë perspektivën e zgjerimit për vendet e rajonit. Si në rastin me EQL, një zgjerimi i vogël apo i vonuar do të kishte ndikim të dëmshëm në kredibilitetin e BE-së jo vetëm në vendet kandidate por edhe në arenën ndërkombëtare (Dehousse dhe Coussens 2001, 10) (H. Grabbe 2001, 52, 60). Në situatën aktuale, me vështirësitë e krijuara brenda BE-së, çështja e kredibilitetit të BE-së mund të jetë në pikëpyetje. Bërja e hapave prapa, për shkak të 'lodhjes nga integrimi', në një kohë kur Ballkani Perëndimor ka nevojë për Evropën do të vënë në rrezik reputacionin e BE-së. Kjo humbje në kredibilitet mund të shkaktojë pasoja të rënda për imazhin e BE-së si një aktor i suksesshëm (F. Schimmelfennig 1999).

ÇFARË KA RËNDËSI NË ZGJERIMIN AKTUAL TË BE-SË DREJT BALLKANIT PERËNDIMOR?

Incentivat e prekshme (stimujt ekonomike dhe zvogëlimi i eksternaliteteve negative të mos-zgjerimit) ashtu si dhe argumentet normative janë të gjitha së bashku arsye të vlefshme për BE-në dhe BP për të nxitur më tej procesin e zgjerimit. Këto incentiva i japin vendeve të Ballkanit Perëndimor vetëm perspektivën e anëtarësimit në BE duke i bërë ato potencialisht vende-anëtare të BE-së. Përveç stimuj, ato janë gjithashtu një mënyrë që justifikon çdo formë bashkëpunimi ose marrëveshje më të institucionalizuar ndërmjet dy palëve. Incentivat na japin një pasqyrë të plotë se *pse* ndodh zgjerimi në Ballkanin Perëndimor, por nuk mund të shpjegojnë se *kur* do të ndodhë zgjerimi. Për të kuptuar se kur do të ndodhi zgjerimi dhe cilët faktorë kanë rëndësi në përmbylljen me sukses të procesit të anëtarësimit, do të duhet të bëjmë një analizë të hollësishëm dhe një vlerësim të detajuar të faktorëve të cilët janë përcaktues për anëtarësimin në BE.

Ekziston një model i qëndrueshëm i raundeve të mëparshme të zgjerimit i cili përbën bazën e 'metodës klasike komunitare' të zgjerimit të BE-së i cili ka të bëjë me procedurat formale të pranimit dhe me parimet kryesore që rrjedhin nga një numër supozimesh të drejtpërdrejta ose të nënkuptuara në lidhje me të drejtat dhe detyrat e shteteve anëtarë dhe vendeve aplikonte (Preston 1995). Duke marrë për bazë metodën klasike të zgjerimit, studiuese të tjerë e kanë azhurnuar me elementë të rinj të aplikuar në raundet e zgjerimeve të mëtejshme. Maniokas, (2000) evidenton se në rastin e EQL, tiparet specifik të metodës së re të zgjerimit janë: kushtëzimi si shtylla kryesore e kësaj metodologjie; kompleksiteti i procesit me faza të ndërmjetme dhe instrumente të veçanta; rëndësia e diferencimit duke krijuar një set kushtesh të ndryshueshëm në funksion të situatave politike në BE; si dhe thellimi i asimetrisë në marrëdhëniet ndërmjet vendeve kandidate dhe BE-së. E fundit por jo më pak e rëndësishme, përmirësimet në mjetet dhe metodat e zgjerimit të BE-së kanë ndryshuar edhe për Ballkanin Perëndimor, ku ndryshimi thelbësor është ajo që Hillion (2010) e quan 'kombëtarizim të ngadaltë' të procesit (forcimi i ndikimit të shteteve anëtare mbi politikat e zgjerimit të BE-së), ku shtetet anëtare favorizojnë një qasje më praktike sesa në raundet e mëparshme. Në këtë seksion do të trajtojmë katër elementët kryesorë që kanë rëndësi në procesin e zgjerimit të BE-së drejt vendeve të mbetura të Ballkanit Perëndimor.

Zgjerimet e Mëparshme kanë Rëndësi

Procesi i zgjerimit të BE-së, padyshim ndjek një trajektore të varësisë të krijuar nga historiku i saj në periudha kohore të ndryshme dhe e pasuruar me elementë të rinj nga zgjerimet më të fundit të BE-së. Zgjerimet e mëparshme kanë përcaktuar 'modelin' për vendet e tjera të Ballkanit Perëndimor, ku problematikat e hasura në raundet e mëparshme të zgjerimit janë adresuar si kushte primare për vendet në vazhdimësi të procesit. Siç edhe është vërejtur më parë, procesi i pranimit në BE është i bazuar kryesisht në modelin e zgjerimeve të mëparshme, dhe nuk është dizajnuar posaçërisht për të ndihmuar dhe inkurajuar ekonomitë në tranzicion (H. Grabbe 2003, 10). E njëjta qasje është përdorur edhe ndaj Ballkanit Perëndimor, ku vërejmë se nëse nuk është përdorur një 'kopje' e politikës së BE-së e aplikuar më parë në vendet e EQL, minimalisht ai është një version i ngjashëm, i përditësuar me adresimin e sfidave të identifikuara gjatë procesit. BE-ja nuk ka zhvilluar politika specifike që të mund t'i përshtaten nevojave të vendeve të Ballkanit Perëndimor, por po aplikon politikën e hartuar fillimisht për vendet e Evropës Qendrore dhe Lindore. Për shembull, Marrëveshja e Stabilizim Asociimit është e ngjashme me Marrëveshjet Evropiane të nënshkruara me vendet e EQL.

Kjo tendencë e 'transferimit të politikave' dikton gjithashtu edhe se cilat duhet të jenë rezultatet e pritshme pasi krijon pritshmëri dhe vendos 'modele' për t'u krahasuar. Por aplikimi i politikat të njëjta nuk përkthehet automatikisht në pritshmëri dhe për më tepër në 'suksese' të njëjta. Ajo që mund të ketë funksionuar mirë në procesin e zgjerimit të EQL, kërkon përpjekje shtesë në rastin e zgjerimit në Ballkanin Perëndimor për shkak të sfidave të ndryshme cilësore dhe sasiore që ky rajon paraqet (Van Meurs 2003, 7). Në një kontekst të tillë Ballkani Perëndimor përbën një sfidë strategjike për politikë-bërësit evropianë pasi që nuk mund të replikohet zgjerimi i EQL (Balkan Forum 2004, 4). Por procesi i zgjerimit dhe mekanizmat e saj nuk ndryshojnë aq shumë nga ato që ishte në raundet e mëparshme të zgjerimit. Gjithashtu, prioritetet e politikave të BE-së tentojnë të ndjekin modelin e zgjerimit lindor dhe preferencat e BE-së sesa kërkesat dhe shqetësimet e rajonit (Kempe dhe van Meurs 2002, 12).

Edhe pse është ndjekur e njëjta politikë, pa ndryshime drastike, përsëri 'modeli' i zgjerimit ka pësuar disa rishikime. Kjo kryesisht për shkak të problematikave të evidentuara më parë. BE-ja ka ripërcaktuar mekanizmat ekzistues të monitorimit, duke u bërë më rigoroz në mënyrën e zbatimit të kushtëzimit me prezantimin e standardet të ndërmjetme dhe procesin e hershme të shqyrtimit, si dhe me selektimin e disa politikave (kapitujt 23 dhe 24) si vendimtare për anëtarësim, duke reflektuar kështu shqetësimet e hasura me vendet e mëparshme rreth çështjeve që lidhen me sundimin e ligjit, korrupsionin dhe krimin e organizuar.

Zhvillimet në BE kanë Rëndësi

Megjithëse perspektiva evropiane për vendet e mbetura të Ballkanit Perëndimor ekziston, 'vizioni i anëtarësimi' mungon në politikën e BE-së pasi ajo nuk ofron ndonjë datë të mundshme të anëtarësimit. Edhe pse përgatitja e vendeve të BP është një çështje për tu konsideruar, sot ky nuk është i vetmi argument që duhet marrë në konsideratë. Zhvillimet në BE dhe problemet e saj të brendshme kanë rëndësi në zgjerimin e mëtejshëm të BE-së. Disa nga faktorët kryesorë që ndikojnë në qëndrimet e BE-së për të ardhmen e zgjerimit janë problemet e brendshme strukturore, institucionale, financiare dhe politike të vetë Bashkimit Evropian, të cilat vënë në pikëpyetje kapacitetin e BE-së për të pranuar më shumë anëtarë. Çështja e 'kapacitetit absorbues' ose 'kapacitetit integrues' të BE-së është shfaqur kohë më parë në debatin politik dhe tani është bërë një parakusht më i qartë për zgjerimin e mëtejshëm.

Që me kriteret e Kopenhagës në vitin 1993, u theksua rëndësia e 'kapacitetit të BE-së për të absorbuar anëtarët e rinj duke ruajtur momentin e integrimit evropian' (The European Council 1993, 13). Kapaciteti absorbues, nga një diskurs i thjeshtë po luan një rol të rëndësishëm në politikën e zgjerimit duke influencuar kursin e anëtarësimeve të mëtejshme.

Shtetet Anëtarë kanë Rëndësi

Sipas qasjes liberale ndërqeveritare, për të shpjeguar vendimet e zgjerimit të BE-së, preferencat e shteteve anëtare mbi zgjerimin duhet të merret në konsideratë, kjo duke pasur parasysh rolin qendror të shteteve-anëtare përmes Këshillit Evropian në procesin e zgjerimit dhe negociatave ndërqeveritare. Për më tepër, pas anëtarësimit të vendeve të EQL, shtetet anëtare e kanë 'nacionalizuar' politikën e zgjerimit të BE-së duke riafirmuar ndikimin e tyre në aspektet procedurale të zgjerimit të BE-së.[34] Studimet empirike kanë treguar që interesat e shteteve

---

[34] Neni 49 i TEU parashikon që kërkesa e vendit kandidatit t'i dërgohet Këshillit, i cili vendos me unanimitet pasi Komisioni ka dhënë Opinionin e tij dhe parvamenti evropian pëlqimin e tij. Kjo procedurë të jep përshtypjen se Këshilli merr vendimin e vet vetëm pasi institucionet e tjera të BE-së të jenë konsultuar. Por në praktikë, Këshilli vendos në një fazë më të hershme e cila përcakton fatin e vendit aplikant pasi ështv

anëtare janë një faktor i rëndësishëm në përcaktimin e rezultateve të vendimeve të BE-së (Thomson dhe Hosli 2006, 413). Rëndësia e preferencës së vendeve anëtare është më e theksuar në politikën e zgjerimit të BE-së, sepse zgjerimi është veçanërisht një fushë delikate ku vendet anëtare të BE dëshirojnë të kenë fjalën e fundit (Müftüler–Bac dhe McLaren 2003, 19). Rëndësia e shteteve anëtare në procesin e zgjerimit të BE bëhet edhe më e dukshme dhe me ndikim direkt atëherë kur shteti anëtar ka presidencën e BE-së. Momenti për integrimin e vendeve të Ballkanit Perëndimor ishte në vitin 1999 nën presidencën gjermane të BE-së, për herë të parë Ballkani Perëndimor filloi të perceptohet si pjesë e Evropës (Friis dhe Murphy 1999, 769). Kjo nuk është e rastësishme, duke ditur se Gjermania ishte promotori i idesë së zgjerimit të BE-së në Lindje. Arritja tjetër e rëndësishme për Ballkanin Perëndimor ishte nën presidencën greke në 2003 ku Ballkani Perëndimor ishte një 'prioritet kyç' dhe Samiti i Ballkanit i hapi rrugën një integrim më të thellë me vendet e Ballkanit Perëndimor (Van Meurs 2003, 9).

Në përgjithësi, një numër shtetesh-anëtare të BE-së kanë qenë kundër ose në rastin më të mirë jo shumë entuziaste për një zgjerim të mundshëm në rajon. Një pozicion i tillë i pa favorshëm për vendet e Ballkanit Perëndimor është ende i pranishëm dhe më problematik. Tani që vendet e rajonit janë në rrugën e tyre drejt BE-së ka ende disa tendenca, të shprehura në nivel kombëtar të shteteve-anëtare të BE-së për të ngadalësuar ose ngrirë procesin e zgjerimit apo në rastin më ekstrem edhe ta abandonojnë njëherë e përgjithmonë zgjerimin. Këto opinione po materializohen në mekanizma institucionalë në disa shtete-anëtare, si p.sh në Francë dhe në në një masë më të kufizuar në Austri, referendumet kombëtare tani janë 'kërkesa kushtetuese' për të ratifikuar traktatet e anëtarësimeve të reja në BE, kurse në Gjermani, miratimi formal i Bundestagu përpara se Këshilli Evropian ti kërkojë Komisionit Evropian të formulojë opinionin mbi aplikimin e vendit kandidat, mund

---

bërë praktikë pune që Komisioni përgatit dhe jep 'Opinionin' e tij për vendin aplikant vetëm pasi kjo ti jetë kërkuar nga Këshilli. Shih (Hillion 2010, 205-206).

të ndikojë në vendimet e zgjerimit për shtyrjen e dhënies së statusit kandidat ose hapjen e negociatave siç bëri me rastin e Serbisë dhe Shqipërisë duke mos mbështetur rekomandimet e Komisionit në vitin 2011 dhe 2012 në dhënien e statusit vend kandidat (Marciacq 2015, 3). Ky rol 'i fshehur' dhe i politizuar i shteteve-anëtare në vendimmarrjet e zgjerimit tashmë është evidentuar në kundërshtimet e vazhdueshme Greke ndaj emrit të Maqedonisë, në kërkesën territorial detare të Sllovenisë ndaj Kroacisë apo edhe në demarkimet hungareze dhe rumune kundër Serbisë (O' Brennan 2014, 227)

Perceptimi Qytetar ka Rëndësi

Në përgjithësi opinioni publik ka luajtur një rol të vogël në vendimet e BE-së për tu zgjeruar, ato ose nuk janë artikuluar ose janë injoruar, por pas zgjerimeve të fundit shqetësimet qytetare po dëgjohen dhe po formëzojnë veprimet e qeverive të shteteve anëtare (Phinnemore 2006, 20). Për më tepër edhe strategjia e BE-së është fokusuar në afrimin e Evropës tek qytetarët duke i dhënë opinionit publik një rol gjithnjë e më të madh. Referencë ndaj perceptimeve të qytetarëve të BE-së gjen në diskurset politike dhe dokumentet zyrtarë të BE-së. P.sh. në konkluzionet e Këshillit të Bashkimit Evropian nën Presidencën Austriake, i kërkohet Komisionit Evropian të analizojë perceptimet qytetare mbi zgjerimin dhe të përpiqet të shpjegojë për publikun evropian procesin e zgjerimit në mënyrë adekuate më tej (Council of the European Union 2006, 18, paragrafi 53). Në këtë kontekst të ri, vendet e Ballkanit Perëndimor duhet të përballen edhe me pëlqimin e shtetasve të vendeve anëtare të BE-së. Nëse i referohemi të dhënave nga sondazhet e Eurobarometrit, zgjerimi i mëtejshëm i BE-së është një nga politikat evropiane e cila ka mbështetjen më të ulët qytetare që vazhdimësisht po vjen në rënie. Në sondazhin e vitit 2016, më shumë se gjysma e evropianëve (52%) e kundërshtojnë zgjerimin e ardhshëm dhe vetëm një pakicë prej 37% e mbështesin atë (European Commission 2016, 26). Skepticizmi qytetar sa vjen edhe po ritet. Krahasuar me të dhënat e sondazhit në 2016 kemi një rritje prej 10% të skepticizmit mbi zgjerimin evropian, pasi mesatarisht 42% e kundërshtonin dhe 46% e qytetarëve evropian e mbështesnin (European Commission 2006, 28). Po ti referohemi të dhënave kohore të Eurobarometrit nga 2006 deri në 2016, vërejmë se kundërshti të forta për zgjerimin ka në shtete si në Gjermani, Luksemburg, Francë, Austri dhe Finlandë, ku të paktën 6 nga 10 të anketuar janë kundër zgjerimit të mëtejshëm në Ballkanin Perëndimor. Megjithatë është e rëndësishme të theksojmë se tendenca në rënie e mbështetjes publike është si në shtetet të cilat kanë pasur nivele të ulëta të mbështetjes ashtu edhe në shtete të cilat kanë qenë pro zgjerimit.

Zgjerimi i mëtejshëm vuan nga një mbështetje gjithnjë e më e ulët e opinionit publik në BE, pavarësisht se ai ndryshon shumë nga vendi në vend. Ndonëse elitat politike vazhdojnë të flasin për sukseset dhe avantazhet e zgjerimit të BE-së, perceptimi publik mbi zgjerimin e mëtejshëm të BE-së vazhdon të rritet. Ndjenjat shoviniste dhe hiper-nacionaliste që kanë prekur një pjesë të Bashkimit Evropian po piketojnë zgjerimin e BE-së në vendet e Ballkanin Perëndimor si një proces i cili do të rezultojë në më shumë emigrantë më një numër problematikash për t'u integruar në një BE e cila tashmë është 'e fryrë' dhe ekonomikisht e pazonja për t'u përballur me anëtarë të rinj, ku pasiguritë kryesisht në Bosnjë-Hercegovinë dhe në Kosovë ka rrezik të importojë në BE një numër mosmarrëveshjesh ndëretnike të padëshiruar (O' Brennan 2014, 227). Rritja e euroskepticizmit popullor ndaj zgjerimit nga ana e qytetarëve i vendos zyrtarët e BE-së në një ndjenjë të fortë anti-zgjerim e cila mund të reflektohet në politikën e BE-së dhe për rrjedhojë të zvogëlojë perspektivën Evropiane të Ballkanit Perëndimor.

EVOLUIMI I POLITIKËS SË ZGJERIMIT DHE MARRËDHËNIEVE BE-BP

Procesi i Stabilizim Asociimit

Periudha pas vitit 1999 u karakterizua nga një rivlerësim kritik i BE-së mbi mangësitë e politikave të saj të mëparshme në rajon si dhe nga ndërmarrja e një roli udhëheqës në formulimin e politikës së bashkësisë ndërkombëtare në Ballkanin Perëndimor (Anastasakis dhe Bojicic-Dzelilovic 2002, 23). Procesi i Stabilizim-Asociimit ishte gur-themeli i politikës së BE-së ndaj Ballkanit Perëndimor i cili përveçse programimit të rindërtimit, zhvillimit dhe stabilizimit në mbarë rajonin, do të ankoronte mbarë rajonin në zhvillimet e vetë BE-së (Chandler 2003, 7). Procesi i Stabilizim Asociimit do ti çonte vendet e Ballkanit Perëndimor drejt nënshkrimit të Marrëveshjeve të Stabilizim Asociimit (MSA) me BE-në. Pavarësisht se qasja ndaj Ballkanit Perëndimor ka ndryshuar rrënjësisht nga stabilizimi drejt zgjerimit, (Van Meurs 2003, 5) duhet theksuar se MSA-ja mbetet një lloj politike hibride midis një programi të rimëkëmbjes pas konfliktit dhe statusit të vendit kandidat. MSA-ja, është një version i azhurnuar i Marrëveshjeve Evropiane të Asociimit të nënshkruara në vitet '90 midis BE-së dhe vendeve të EQL, e njëjtë në strukturë dhe përmbajtje me vetëm një përmirësim të dukshëm në lidhje me çështjen e bashkëpunimit rajonal. Nëse bashkëpunimi rajonal inkurajohej midis vendeve të EQL në Marrëveshjet e Asociimit, kjo tashmë kërkohet nga vendet e SAA dhe është kthyer në kusht kryesor për zhvillimin e mëtejshëm të marrëdhënieve dypalëshe me BE-në (shih paragrafin Zgjerimi i Ballkanit Perëndimor në BE: 'Bisnez si Zakonisht'?). MSA u krijua si një mjet për të rregulluar marrëdhëniet ekonomike dhe politike, për të reduktuar pasigurisë dhe për të rritur parashikueshmërinë në Ballkanin Perëndimor (D. Papadimitriou 2002, 17). MSA krijoi kornizën institucionale të bashkëpunimit midis BE-së dhe Ballkanit Perëndimor me qëllimin përfundimtar për të ndihmuar këta të fundit të bëhen pjesë e familjes evropiane. Elementi i shtuar dhe më tërheqës i kësaj qasje të re ishte perspektiva e qartë afatgjatë për anëtarësimin e ardhshëm në BE. Vendet e Ballkanit Perëndimor, nga ky moment ishin subjekt i drejtpërdrejt i Drejtorisë së Zgjerimit të Komisionit Evropian dhe jo nga drejtorisë së Marrëdhënieve me Jashtë e cila i mbulonte më përpara këto vende; një veprim simbolik që dëshmonte angazhimin e BE-së drejt anëtarësimit të vendeve në Ballkanin Perëndimor (Bechev 2005). MSA është instrumenti i cili do ti ndihmojë shtetet e Ballkanit Perëndimor drejt përmbushjes së kërkesave të anëtarësimit në BE duke ofruar asistencën e nevojshme financiare dhe politike në mënyrë që të ato të përshpejtojnë reformën politike dhe ekonomike. Kjo nënkupton që Ballkani Perëndimor duhet të përqendrohet më shumë në përshtatjen me kushtet kryesore të BE-së, stabilitetin e institucioneve që garantojnë demokracinë, sundimin e ligjit, të drejtat e njeriut dhe respektimin dhe mbrojtjen e pakicave, ekonomi funksionale tregu, si dhe aftësinë për të miratuar rregullat, standardet dhe politikat e përbashkëta të Bashkimit (Kriteret e Kopenhagës). Ndërsa për BE-në, MSA-ja nënkupton së pari, premtimin e ndihmës për procesin e reformave që duhet të ndërmarri vendet e Ballkanit Perëndimor, dhe së dyti premtimin e anëtarësimit në BE në momentin kur këto vende të jenë gati (Chandler 2003, 7).

Në një analizë të hollësishme që Phinnemore (2013) i bën procesit të Stabilizim Asociimit, evidenton se zbatimi i procesit pavarësisht se ka përparuar ai nuk ka përshpejtuar procesin e anëtarësimit sidomos po ti referohemi përcaktimit të një date të mundshme të anëtarësimit, madje edhe në shtete të cilat janë në negociata për anëtarësim, shih (Phinnemore 2013).

Procesi i Negociatave për Anëtarësim[35]

Vendimi për hapjen e bisedimeve për anëtarësim, merret atëherë kur BE-ja vlerëson se vendi kandidat ka plotësuar kriteret politike dhe ekonomike, pra është një demokraci funksionale dhe një ekonomi e lirë e tregut. Bisedimet për anëtarësim nuk mund të fillojnë derisa të gjitha vendet e BE-së të bien dakord, me një vendim të njëzëshëm të Këshillit të BE-së, për një kornizë apo mandat për bisedime me vendin kandidat. Korniza e bisedimeve përcakton udhëzimet dhe parimet për bisedimet për anëtarësim me çdo vend kandidat. Kuadri negociues hartohet nga Komisioni Evropian, dhe miratohet nga të gjitha shtetet anëtare të BE-së. Më pas Presidenca e radhës e Këshillit Evropian ia paraqet shtetit kandidat në fillim të negociatave për anëtarësim.

---

[35] Ky paragraf është publikuar tek (Qesaraku dhe Seferaj 2016, 8-12).

Bisedimet për anëtarësim janë të rëndësishme pasi ato jo vetëm ndihmojnë vendin kandidat për përmbushjen e detyrimeve të anëtarësimit në Bashkimin Evropian, por i krijojnë mundësi edhe Bashkimit Evropian të përgatitet për zgjerimin e radhës. Bisedimet kanë të bëjnë me miratimin dhe vënien në zbatim të gjithë *acquis* të BE-së të cilat ndahen në 33 kapituj dhe ecuria në çdonjërën prej tyre monitorohet dhe vlerësohet nga komisioni Evropian. Secili kapitull diskutohet më vete dhe në bazë të situatës ose ecurisë mund të përcaktohen kritere/standarde të matshme për hapjen dhe mbylljen Këshilli dhe vendi kandidat analizojnë ligjet kombëtare dhe ato të BE për të përcaktuar dallimet mes të dyjave. Këshilli më pas përcakton hapjen e bisedimeve për "kapitujt" e ligjeve për të cilat mendon se ka një bazë të përbashkët e të mjaftueshme për bisedime. Kështu, bisedimet janë mundësia që vendet kandidate kanë për të bindur BE-në se aftësia administrative e vendit të tyre është e gatshme të zbatoj ligjin Evropian. Kapitulli quhet i mbyllur kur të dy palët kanë rënë dakord se ai është zbatuar mjaftueshëm.

Kutia 7: Hapat e Negociatave për Anëtarësim

Negociatat (Bisedimet) për çdo kapitulli bazohen në elementet e mëposhtëm:
Shqyrtimi - Screening. Komisioni Evropian, së bashku me vendin kandidat, kryen një kontroll të hollësishëm të politikave (të çdo kapitulli), për të përcaktuar përgatitjen e vendit kandidat. Shqyrtimi për çdo kapitull mbahet në dy faza:

- *faza shpjeguese* – faza ku vendi kandidat "mëson" rreth kërkesave që duhet të plotësojë. Komisioni Evropian paraqet *acquis* bazuar në një listë aktesh ligjore. Takimet shpjeguese mund të zgjatin nga 1 deri në 9 ditë pune për kapitujt më voluminozë, të tilla si bujqësia (kap. 11).

- *shqyrtimi dypalësh* – faza ku vendi kandidat 'testohet' për nivelin e të kuptuarit dhe gatishmërinë e administratës për të ndërmarrë detyrimet. Vendi kandidat shpreh qëndrimin e vet nëse e pranon *acquis* dhe nëse do të mund ta zbatojë atë menjëherë apo në një të ardhme. Ekspertë nga ministritë e linjës dhe anëtarët e grupeve të punës paraqitin nivelin e harmonizimit të legjislacionit vendas me *acquis*. Gjatë prezantimeve mund të identifikohen probleme të mundshme për zbatimin e *acquis* ose Komisioni mund të kërkojë informacion shtesë në formë të shkruar.

Takimet mbahen në Bruksel, dhe në rastin e Kroacisë shqyrtimi për të gjithë kapitujt zgjati 1 vit.

Raporti i Shqyrtimit - Gjetjet për çdo kapitull, Komisioni ia paraqet shteteve anëtare për miratim në formën e një raporti shqyrtimi. Ato përmbajnë rekomandime nëse bisedimet mund të hapen direkt (procedura e shkurtër) apo do të duhet të plotësohen më parë disa kushte (procedura e dytë).

Standardet për hapjen dhe mbylljen e kapitullit - Standardet për hapjen e një kapitulli zakonisht i referohen kuadrit ligjor apo strategjik të nevojshëm për përafrimin e mëtejshëm të legjislacionit; ndërsa standardet për mbylljen e një kapitulli i referohen nivelit të zbatimit të legjislacionit të përafruar. Pas konfirmimit nga ana e Komisionit Evropian dhe shteteve anëtare që standardet e hapjes janë plotësuar, Presidenca e BE-së i dërgon letër shtetit kandidat të paraqesë pozicionin e vet negociues për kapitullin përkatës. I njëjti parim zbatohet edhe kur janë vendosur standarde për hapjen dhe mbylljen e kapitullit edhe kur nuk ka standarde shtesë.

Pozicionet (qëndrimet) negociuese – Përpara fillimit të bisedimeve, vendi kandidat duhet të paraqesë pozicionin e tij negociues dhe BE-ja duhet të miratojë një qëndrim të përbashkët mbi të. Për përgatitjen e draftit final të një pozicion negociues, kërkohet angazhimi i të gjithë ekspertizës dhe burimeve të mundshme; marrja në konsideratë e të gjitha komenteve dhe sugjerimeve për të dhënë një pasqyrë të plotë të të gjitha çështjeve kryesore me interes kombëtar dhe se si harmonizimi në këtë kapitull do të reflektojë në politikën kombëtare; konsultime jo-zyrtare me Komisionin, sidomos nëse standardet për hapjen janë përmbushur. Pozicionet negociuese, janë një proces delikat si në aspektin procedural dhe atë thelbësor, ato përgatiten bashkërisht nga anëtarët e grupeve të punës, duke synuar përfshirjen e gjerë të ekspertizës nga administrata publike apo shoqëria civile, përpara se të miratohen përfundimisht nga Qeveria. Pas miratimit të versionit final nga Qeveria, pozicioni negociues i dërgohet Presidencës së Këshillit të BE-së nëpërmjet Misionit të vendit kandidat në Bruksel.

Projekt qëndrim i përbashkët - Bazuar në pozitën negociuese të vendit kandidatit, Komisioni Evropian përgatit një projekt qëndrim të përbashkët të BE-së i cili miratohet nga të gjitha shtetet anëtare të BE-së. Ky dokument mund të përmbajë dhe përcaktojë edhe standardet e mbylljes të kapitullit të përcaktuara nga Komisioni ose të amenduara nga Shtetet Anëtare në Këshill. Për shumicën e kapitujve BE-ja do të vendosë standardet e mbylljes (procedura e tretë) të cilat duhet të përmbushen nga vendi kandidat përpara se bisedimet në atë kapitull të mbyllen.

Konferenca Dypalëshe Ndërqeveritare. Të dy pozicionet negociuese shkëmbehen zyrtarisht gjatë Konferencës Ndërqeveritare.

Pozicioni i Përbashkët Përmbyllës i BE-së. Pas konfirmimit se të gjitha standardet e mbylljes janë plotësuar, vendi kandidat përgatit një raport mbi përmbushjen e detyrimeve për kapitujt përkatës, ndërsa për palën tjetër, Komisioni Evropian përgatit një Pozicion të Përbashkët Përmbyllës të BE-së i cili duhet të miratohet nga Shtetet Anëtare në Këshilli. Këto dokumente shkëmbehen gjatë Konferencës Ndërqeveritare, dhe kapitulli përkohësisht është i mbyllur.

Mbyllja e kapitujve. Bisedimet (negociatat) për çdo kapitull të veçantë nuk mbyllen deri sa çdo qeveri e vendeve të BE-së të jetë e kënaqur me përparimin e vendit kandidat në atë fushë/sektor, sipas analizës/vlerësimit nga Komisioni Evropian. I gjithë procesi i bisedimeve (negociatave) është i lidhur me mbylljen e çdo kapitulli. Në rastin e Kroacisë, bisedimet për anëtarësim zgjatën 6 vjet, gjithsesi ritmi i bisedimeve, varet nga shpejtësia e reformave dhe harmonizimit me ligjet e BE-së prandaj dhe kohëzgjatja e bisedimeve ndryshon dhe nuk ka garanci se kur do të mbyllen. Ajo që dihet është se kapitulli 23 dhe 24 do të hapen të parat dhe do të mbyllen të fundit, gjë që do të përcaktojë ecurinë e procesit të anëtarësimit. Për kapitullin 23 dhe 24, Komisioni ka vendosur që këto kapituj të hapen në bazë të një plan-veprimi, me standarde të përkohshme (procedura e katërt) të cilat duhet të plotësohen përpara se të vendosen standardet e mbylljes.

Traktati i anëtarësimit. Ky është dokumenti i cili vendos anëtarësimin e një vendi në BE. Ai përmban kushtet dhe termat e detajuara të anëtarësimit, të gjitha rregullimet dhe afatet kalimtare, si dhe detajet e marrëveshjeve financiare dhe çdo mase mbrojtëse. Ky proces nuk është përfundimtar dhe detyrues deri sa:

- të fitojë mbështetjen e Këshillit të BE-së, Komisionit dhe Parlamentit Evropian;
- të nënshkruhet nga vendi kandidat dhe përfaqësuesit e të gjitha vendeve anëtare të BE;
- të ratifikohet nga vendi kandidat dhe çdo shtet i BE-së, sipas rregullave të tyre kushtetuese (p.sh miratimin nga parlamentet përkatëse, referendumeve etj).

Anëtarësimi i një Vendi

Pasi traktati nënshkruhet, vendi kandidat bëhet vend në anëtarësim. Që do të thotë se vendi pritet të bëhet anëtar me të drejta të plota në datën e përcaktuar në traktat pasi ai të jetë ratifikuar. Ndërkohë, vendi përfiton nga marrëveshje të veçanta, të tilla si të qenit në gjendje për të komentuar në draft propozimet e BE-së, të komunikimit, rekomandime apo iniciativat, si dhe ka "statusin e vëzhguesit aktiv" në organet dhe agjencitë e BE-së (me të drejtë fjale, por pa të drejtë vote).

Tabela 4: Procedura(t) e zhvillimit të Negociatave

Procedura më e shkurtër pa standarde të veçanta P1	Procedura me standarde paraprake hapjen e kapitullit P2	Procedura me standarde përmbyllëse për kapitullin P3	Procedura me standarde paraprake dhe përmbyllëse P4	Procedura më e gjatë me standarde paraprake, të përkohshme dhe përmbyllëse[36] P5
Shqyrtimi shpjegues ↓	=	=	=	=
Shqyrtimi dypalësh ↓	=	=	=	=
Komisioni Evropian përgatit një raport shqyrtimi ↓	p1 + rekomandon Këshillit standardet për hapjen e kapitullit ↓	=p1	=p2	=p2 +Plan veprim
	Këshilli miraton dhe fton vendin kandidat të përmbushë kërkesat ↓		=p2	
	Komisioni monitoron ecurinë, harton Raportin e Vlerësimit të Standardeve dhe ia paraqet Këshillit ↓		=p2	=p2
Këshilli miraton raportin dhe fton vendin kandidat të paraqesë qëndrimin e vet negociues ↓	Këshilli miraton Raportin e Vlerësimit të Standardeve dhe i kërkon vendit kandidat të paraqesë qëndrimin e vet negociues ↓	=p1	=p2	=p2
Vendi kandidat paraqet qëndrimin e vet negociues ↓	=	=p1	=p1	=p1
Në bazë të qëndrimit negociues të mësipërm, Komisioni harton një draft qëndrim të përbashkët të BE-së ↓	=	Në bazë të qëndrimit negociues të mësipërm, Komisioni harton një draft qëndrim të përbashkët të BE-së dhe rekomandon standardet për mbylljen e kapitullit ↓	=p3	=p1 + dhe rekomandon standardet e përkohshme ↓
				Këshilli miraton qëndrimin e përbashkët dhe standardet e përkohshme dhe thërret një Konferencë Ndërqeveritare ↓
				Kapitulli hapet zyrtarisht duke marrë parasysh standardet e përkohshme në Konferencën Ndërqeveritare ↓
				Mbahet Konferencave e bisedimeve dhe konsultimeve teknike me Misionin ↓
				Komisioni monitoron ecurinë dhe kur janë plotësuar standardet e përkohshme, ai i rekomandon Këshillit të ftojë vendin kandidat të paraqesë qëndrimin e përkohshëm negociues ↓
				Këshilli miraton rekomandimin e Komisionit dhe fton vendin kandidat të paraqesë qëndrimin e përkohshëm negociues ↓

---

[36] Kjo procedurë është vendosur për kapitujt 23 dhe 24, gjatë negociatave për anëtarësim të Kroacisë.

				Në bazë të qëndrimit negociues të, Komisioni harton draft qëndrimin e përkohshëm të përbashkët të dhe rekomandon standardet për mbylljen e kapitullit ↓
Këshilli miraton qëndrimin e përbashkët dhe thërret një Konferencë Ndërqeveritare ↓	=	Këshilli miraton qëndrimin e përbashkët dhe standardet për mbylljen e kapitullit dhe thërret një Konferencë Ndërqeveritare ↓	=p3	Këshilli i miraton ↓
Kapitulli hapet zyrtarisht dhe mbyllet përkohësisht në Konferencën Ndërqeveritare	=	Kapitulli hapet zyrtarisht duke marrë parasysh standardet e mbylljes në Konferencën Ndërqeveritare ↓	=p3	
		Mbahet Konferencave e negociatave dhe konsultimeve teknike me Misionin ↓	=p3	
		Komisioni monitoron ecurinë, harton raportin përkatës dhe i rekomandon Këshillit të mbyllë përkohësisht kapitullin ↓	=p3	Komisioni monitoron ecurinë, harton një draft qëndrim final të përbashkët dhe i rekomandon Këshillit që të mbyllë përkohësisht kapitullin ↓
		Këshilli e miraton dhe në konferencën ndërqeveritare të radhës mbyll përkohësisht kapitullin	=p3	Konferenca ndërqeveritare mbyll përkohësisht kapitullin ↓
				Komisioni monitoron ecurinë dhe paraqet raporte gjashtë mujore Këshillit Përpara anëtarësimit, Komisioni paraqet Raportin Final të Negociatave për Anëtarësim

Bisedimet për anëtarësim mbahen në Konferenca Ndërqeveritare Dypalëshe midis shteteve anëtare të BE-së që përfaqësohet nga ministri apo ambasadori në BE i shtetit anëtar që ka Presidencën e BE-së dhe vendit kandidat i cili përfaqësohet nga zëvendës-shefi i delegacionit të shtetit kandidat, ministri përgjegjës për çështjet e BE-së ose krye-negociatori. Takimet mbahen së paku dy herë çdo gjashtë muaj. Për secilin prej kapitujve përcaktohen qëndrime të përbashkëta diskutimi.

Kur bisedimet dhe reformat shoqëruese kanë përfunduar në mënyrë të kënaqshme për të dy palët, vendi mund ti bashkohet BE-së. Pas mbylljes së bisedimeve për të gjithë kapitujt, rezultatet e bisedimeve vendosen në një traktat-anëtarësimi. Sipas rastit, sistemi i masave kalimtare u jep mundësi diskutimeve të mbyllen edhe nëse nuk është realizuar tërësisht adoptimi i *acquis*.

Kutia 8: Çfarë 'negociohet' në bisedimet për Anëtarësim?

Në thelb, vendi kandidat do të duhet të pranojë të 33 kapitujt. Ajo për të cilën negociohet janë kushtet *se SI* dhe koha *KUR* do ti miratojë dhe zbatojë ato. Gjatë procesit të bisedimeve, BE-ja merr garanci mbi datën dhe efektivitetin e masave të marra nga vendi kandidat për të adoptuar dhe zbatuar të gjithë acquis.

Çështje të tjera që diskutohen:

Marrëveshjet financiare: përcaktojnë se *SA* do të kontribuojë vendi-anëtar dhe *SA* do të përfitojë nga buxheti i BE-së (në formën e transfertave).

Aranzhimet kalimtare: ndonjëherë disa rregulla zbatohen në mënyrë graduale, për ti dhënë anëtarit të ri apo anëtarit ekzistues kohë për tu përshtatur.

Mbikëqyrja nga institucionet e BE-së

Gjatë bisedimeve, Komisioni monitoron ecurinë e kandidatit në zbatimin e legjislacionit të BE-së dhe përmbushjen e angazhimeve të marra, duke përfshirë të gjitha standartet e ndërmjetme (benchmark). Standardet e ndërmjetme, ato të hapjes dhe mbylljes së bisedimeve i japin udhëzime shtesë vendit kandidat, si dhe një siguri vendeve anëtarë që vendi kandidat është në gjendje për ti përmbushur detyrimet e anëtarësimit. Gjithashtu, Komisioni mban të informuar gjatë gjithë procesit, Këshillin e BE-së dhe Parlamentin Evropian, nëpërmjet raportimeve të rregullta.

Statusi i Marrëdhënieve të BE-së me Vendet e BP në Optikën e Politikës së Zgjerimit

Në ndryshim nga raundet e mëparshme të zgjerimit, vendet e Ballkanit Perëndimor ndryshojnë në shkallën dhe llojin e marrëdhënieve kontraktuale me BE, pasi integrimi i tyre në BE është individual në varësi të ecurisë së çdo shteti, dhe jo 'në bllok' si me rastin e EQL. Nga vendet e rajonit, vetëm Kroacia është shtet-anëtar i BE-së (nga korriku 2013), ndërsa vendet e tjera janë në etapa të ndryshme të integrimit

Evropian. Mali i Zi dhe Serbia kanë filluar negociatat, Shqipëria dhe Maqedonia janë vende kandidate, kurse Bonja-Hercegovina dhe Kosova janë akoma vende potencialisht kandidate. Madje edhe brenda një modalitet, vendet e Ballkanit Perëndimor paraqesin shpejtësi të ndryshme të avancimit.

Shtet Anëtar: Kroacia nënshkroi MSA-në me BE në 29 tetor 2001. MSA hyri në fuqi më 1 shkurt 2005, por Kroacia si Maqedonia kishte aplikuar për anëtarësim në BE që në shkurt 2003. Në qershor 2004, Këshilli Evropian konfirmoi Kroacinë si vend kandidat dhe në mars 2005 vendosi hapjen e negociatave për anëtarësim, por ato u shtynë pasi u vlerësua se Kroacia kishte dështuar bashkëpunimin e plotë me gjykatën për krimet e luftës në ish-Jugosllavi (GJPNIJ). Negociata filluar vetëm në 3 tetor 2005, pasi Kryeprokurori i gjykatës për krimet e luftës vlerësoi se Kroacia kishte bashkëpunuar plotësisht me GJPNIJ. Negociatat për anëtarësim zgjatën 6 vjet, dhe në 9 dhjetor 2011 liderët e BE-së së bashku me Kroacinë nënshkruan traktatin e anëtarësimit, i cili hyri në fuqi në 1 korrik 2013 duke e bërë Kroacinë shtet-anëtar të BE-së.

Shtete në Negociata: Në tetor 2004, Këshilli Evropian filloi procesin e Stabilizimi Asociimit me Serbinë dhe Malin e Zi dhe në tetor 2005 filluan negociatat për MSA-në. Negocimet u zhvilluan në dy pista të ndryshme. Në 3 maj 2006, negociatat u pezulluan përkohësisht për shkak të mungesës së progresit në bashkëpunimin e Serbisë me gjykatën për krimet e luftës (GJPNIJ). Marrëveshja e Stabilizim Asociimit ndërmjet Serbisë dhe BE-së u nënshkrua në Luksemburg më 29 prill 2008 dhe hyri në fuqi në shtator 2013. Në dhjetor 2009, Serbia aplikoj për anëtarësim dhe në mars 2012 morri statusin kandidat pasi Beogradi dhe Prishtina arritën një marrëveshje mbi përfaqësimin rajonal të Kosovës. Në qershor 2013, Këshillit Evropian miratoi rekomandimin e Komisionit për të hapur negociatat e anëtarësimit me Serbinë, pasi vlerësoi pozitivisht arritjet e Serbisë drejt normalizimit të marrëdhënieve të saj me Kosovën, përmes dialogut të vazhdueshëm

Beograd-Prishtinë të ndërmjetësuar nga BE-ja. Negociatat për anëtarësimin e Serbisë u hapën zyrtarisht më 21 janar 2014. Në dhjetor 2015, Serbia hapi negociatat për dy kapitujt e parë, duke përfshirë kapitullin 35 - Çështje të Tjera, - artikullin për normalizimin e marrëdhënieve me Kosovën, dhe në korrik 2016 u hapën kapitujt kryesorë mbi çështjet e sundimit të ligjit, Kapitulli 23 mbi reformën në drejtësi dhe të drejtat themelore dhe Kapitulli 24 për lirinë, sigurinë dhe drejtësinë.

Pasi parlamenti malazez shpalli pavarësinë në qershor 2006, Këshilli Evropian vendosi të procedojë më tej me Malin e Zi në marrëdhënie dypalëshe si një shtet i pavarur nga Serbia. Në 26 shtator 2006 fillojnë negociatat për MSA-në me Malin e Zi. Në 15 tetor 2007 u nënshkrua MSA-ja e cila hyri në fuqi në janar të vitit 2008. Mali i Zi paraqiti kërkesën për anëtarësim në BE në dhjetor 2008. Në dhjetor 2010 pas opinionit pozitiv nga Komisioni, Këshilli i dha Malit të Zi statusin e vendit kandidat. Negociatat për anëtarësim filluan në 29 qershor 2012, dhe në përputhje me qasjen e re të BE-së, kapitujt kryesorë të sundimit të ligjit - Kapitulli 23 dhe 24 – u hapën në një fazë të hershme të bisedimeve, në dhjetor 2013. Deri në qershor 2017 Mali i Zi kish hapur 28 nga 33 kapitujt, ku nga këto 3 kapituj janë mbyllur provizorisht ndërkohë që për 11 kapituj janë vendosur standarde paraprake.

Vende Kandidate: Maqedonia ishte vendi i parë i cili nënshkroi marrëveshjen e stabilizim asociimit në mars 2001, pas konfliktit të armatosur në vend. Nënshkrimi i MSA-së me Maqedoninë ishte më tepër një 'shpërblim' i ofruar nga BE-ja për të ndalur luftimin sesa njohje e suksesit të reformave strukturore të kryera nga Maqedonia në procesin e përgatitjes për anëtarësimin në BE. Maqedonia bëri kërkesën për anëtarësimin në BE në mars 2004, përpara se MSA të hynte në fuqi në prill 2004. Në dhjetor 2005, Këshilli Evropian vendosi ti japë Maqedonisë statusin e vendit kandidatit, dhe prej asaj date Maqedonia është bllokuar në mënyrë të përsëritur për hapjen e negociatave me BE-në. Ndonëse Komisioni Evropian ka rekomanduar në mënyrë të përsëritur (nga tetori 2009) që të hapen negociatat e anëtarësimit me Maqedoninë, shtetet anëtare i kanë shtyrë ato vazhdimisht, kjo kryesisht për shkak të konfliktit me Greqinë lidhur me çështjen e emrit të Maqedonisë.

Pas vonesave për shkak të paqëndrueshmërisë politike dhe vështirësive në zbatimin e reformave, negociatat për MSA me Shqipërinë u hap zyrtarisht më 31 janar 2003 dhe përfunduan në qershor, duke qenë kështu shteti i tretë i BP që nënshkruante MSA-në me BE. MSA hyri në fuqi më 1 prill 2009 dhe në 28 prill 2009 Shqipëria paraqiti kërkesën e saj për anëtarësim në BE por Komisioni Evropian rekomandoi që negociatat e anëtarësimit të hapen pasi vendi të përmbushte kërkesat për 12 prioritete kyçe të cilat u vlerësuan nga Komisioni të përmbushura kryesisht para zgjedhjeve parlamentare të vendit në qershor të vitit 2013. Këshilli Evropian e ka marrë parasysh këtë rekomandim të Komisionit Evropian dhe i dha Shqipërisë statusin e vendit kandidatit në qershor 2014. Hapja e negociatave varet nga përparimi i mëtejshëm i Shqipërisë në pesë prioritete kryesore, veçanërisht atë të zbatimit të legjislacionit të reformës në drejtësi të miratuar në korrik 2016.

Vende Potencialisht Kandidate: Më 2003, Komisioni Evropian paraqiti studimin e fizibilitetit i cili vlerësoi kapacitetin e Bosnje-Hercegovinës për të zbatuar MSA-në. Komisioni Evropian, në tetor 2005, i rekomandon Këshillit Evropian fillimin e bisedimeve, dhe në janar 2006 u hapën zyrtarisht negociatat për MSA-në me Bosnje-Hercegovinën. Më 16 qershor 2008, BE dhe Bosnje-Hercegovina nënshkruan MSA-në, por hyrja e saj në fuqi u ngri, kryesisht për shkak të dështimit të vendit për të zbatuar një vendim kyç të Gjykatës Evropiane për të Drejtat e Njeriut. BE-ja lejoi hyrjen në fuqi të MSA më 1 qershor 2015. Në shkurt 2016 Bosnje-Hercegovina paraqiti zyrtarisht kërkesën për anëtarësim në BE dhe në shtator Këshilli Evropian i kërkoi Komisionit të paraqesë mendimin e tij mbi aplikimin e Bosnje-Hercegovinën.

Në rastin e Kosovës, Komisioni Evropian dizajnoi në nëntor të vitit 2002 atë që e quajti Mekanizmi Shoqërues i Procesit të Stabilizim

Asociimit. Kjo për shkak se Kosova ishte një rast *sui generis*, nën administrimin e OKB-së. Ky mekanizëm ishte i ngjashëm me procesin e Stabilizim Asociimit dhe i jep mundësi Kosovës të krijojë marrëdhënie kontraktuale me BE-në dhe kështu të arrijë nënshkrimin e MSA-së. Në tetor 2012 Komisioni Evropian paraqiti studimin e fizibilitetit dhe në tetor 2013 filloi negocimi për MSA-në pas arritjes së marrëveshjes për normalizimin e marrëdhënieve Serbi-Kosovë që u arrit në prill 2013. MSA-ja u nënshkrua në 27 tetor 2015 dhe hyri në fuqi më 1 prill 2016. Integrimi i mëtejshëm i Kosovës në BE, ashtu si në rastin e Serbisë, është i lidhur ngushtësisht me ecurinë e dialogut të nivelit të lartë midis Kosovës dhe Serbisë, të ndërmjetësuar nga BE.

Tabela 5 Statusi i vendeve të Ballkanit Perëndimor në procesin e zgjerimit

Statusi	Shteti	Fillimi i Negociatave për MSA-në	Nënshkrim i i MSA-së	Hyrja në fuqi e MSA-së	Aplikimi për Anëtarësim	Marrja e statusit kandidat	Fillimi i negociatave për anëtarësim	Mbyllja e negociatave për anëtarësim	Anëtarësimi
Shtet Anëtar	Kroacia	Prill 2000	Tetor 2001	Shkurt 2005	Shkurt 2003	Qershor 2004	Tetor 2005	Qershor 2011	Korrik 2013
Shtet në negociata	Mali i Zi	Shtator 2006	Tetor 2007	Maj 2010	Dhjetor 2008	Nëntor 2010	Qershor 2012	--	--
	Serbia	Tetor 2005	Prill 2008	Shtator 2013	Dhjetor 2009	Mars 2012	Janar 2014	--	--
Vend Kandidat	Shqipëria	Janar 2003	Qershor 2006	Prill 2009	Prill 2009	Qershor 2014	--	--	--
	Maqedonia	Mars 2000	Prill 2001	Prill 2004	Mars 2004	Dhjetor 2005	--	--	--
Vend Potencial Kandidat	Bosnja-Hercegovina	Janar 2006	Qershor 2008	Qershor 2015	Shkurt 2016	--	--	--	--
	Kosova	Tetor 2013	Tetor 2015	Prill 2016	--	--	--	--	--

Burimi: Komisioni Evropian

Zgjerimi i Ballkanit Perëndimor në BE: 'Bisnez si Zakonisht'?

Samiti i Zagrebit i vitit 2000 hodhi themelet e Politikës së Zgjerimit
të BE-së në Ballkanin Perëndimor. Kjo politikë e re e BE-së ndaj
Ballkanit perëndimor, kishte dy elementë kryesorë: Bashkëpunimi
rajonal dhe anëtarësimin individual për secilën prej vendeve të
Ballkanit Perëndimor.[37] 'Qasja e Individualizuar', e ndryshme me
qasjen e 'Big Bang-ut' në EQL, nënkuptonte anëtarësim në BE sipas
meritave individual të progresit të arritur të çdo vendi. Qëllimi i kësaj
'qasjes Kanotazhi' të BE ishte të stimulonte konkurrencën
konstruktive midis vendeve të rajonit si dhe të identifikonte
praktikave më të mira. Pas gati 20 vjet nga perspektiva e anëtarësimit,
zgjerimi i BE-së në vendet e Ballkanit Perëndimor mbetet ende i
paplotësuar, përveç se në rastin e Kroacisë e cila u anëtarësuar në
korrik 2013. Shtetet e tjera të Ballkanit Perëndimor janë akoma në
'dhomën e pritjes' së pafund.

Qasja e rikthimit të 'Bashkëpunimit Rajonal', erdhi si një shtysë
më shumë për të forcuar procesin e zgjerimit. Në vitin 2014 me
iniciativë të qeverisë Gjermane, u iniciua i ashtuquajturi Procesi i
Berlinit, i cili konsiston në organizimin e Samitet periodikë për një
hark kohor prej 5 vitesh të 6 vendeve të mbetura të Ballkanit
Perëndimor, disa vende anëtare të BE dhe Komisionit Evropian.
Procesi i Berlinit është një nxitje e nevojshme për përgatitjen vendeve
të Ballkanit Perëndimor për anëtarësimin e ardhshëm në BE pasi ai
ka për qëllim të trajtojë konkretisht disa nga problemet kryesore

---

[37] 'Demokracia si dhe pajtimi dhe bashkëpunimi rajonal nga njëra anë, dhe afrimi i
secilit prej këtyre vendeve me Bashkimin Evropian nga ana tjetër, formojnë një
tërësi... Unioni propozon një qasje të individualizuar për secilin nga këto vende...
Afrimi me Bashkimin Evropian do të shkojë krah për krah me procesin e zhvillimit
të bashkëpunimit rajonal' Shih: (European Commission 2000).

strukturore në rajon. Ndryshimi thelbësor i modeleve të sotme të Bashkëpunimit rajonal, është fakti se iniciativat e ndërmarra së fundmi kanë më shumë pronësi lokale, duke u shkëputur nga diktimi i jashtëm, shih (Bechev 2011, 6).

Sot Politika e Zgjerimit të BE-së kritikohet si e lënë në 'autopilotim', duke u përqendruar më shumë në një ushtrim të përmbushjes formale të kritereve sesa në realizimin thelbësor të demokratizimit, zbatimit të reformave dhe përparimit ekonomik të këtyre vendeve. Zgjerimi i BE-së kërcënohet nga 'lodhja e perceptuar e zgjerimit' që rrezikon të vijë si nga brenda BE-së ashtu edhe nga vendet e Ballkanit Perëndimor. Ekziston frika se BE-ja jo vetëm që mund të humbë momentumin kur është fjala për anëtarësimin e rajonit në BE, por për më tepër një 'momentum negativ po instalohet në rajon'. Pavarësisht krizave të shumëfishta brenda BE-së (dalja e Britanisë, kriza e emigrantëve, etj.) të cilat e kanë shpërqendruar BE-në nga prioriteti i zgjerimit, përsëri qasja aktuale e BE-së ndaj Ballkanit Perëndimor mbetet 'biznes si zakonisht' – një vazhdim gradual dhe i ngadalshëm i anëtarësimit në BE, bazuar në kushtëzimin e shtuar, përqendrim të madh në çështjet e sundimit të ligjit dhe në mënyra të reja të angazhimit me vendet në një rrugë pa krye.

4
EVROPIANIZIMI I BALLKANIT PERËNDIMOR

Vendet e rajonit kanë bërë një rrugë të gjatë në procesin e stabilizimit ... Tani, ju duhet të përfundoni procesin e stabilizimit, të konsolidoni progresin e arritur deri më tani dhe të vazhdoni më tej. Ndërsa i afroheni anëtarësimit në BE, natyra e punës tuaj gradualisht do të ndryshojë. Fokusi aktual në arritjen e standardeve minimale nuk do të jetë më i mjaftueshëm; qëllimi do të jetë përgatitja juaj për të qenë në gjendje të funksiononi me sukses në të ardhmen si shtete anëtare të BE-së. Në vitet e ardhshme, ne duhet të jemi në gjendje të zhvendosemi gjithnjë e më shumë nga stabilizimi drejt asociimit. Olli Rehn, ish Komisioneri Evropian për Zgjerimin (2004).

Në studimin e Evropianizimit të Ballkanit Perëndimor, si proces transformimi dhe ndryshimi të shkaktuar nga Politika e Zgjerimit Evropian, dy janë aspektet kryesore të cilat i kemi marrë në konsideratë: së pari, periudhën kohore në të cilën Ballkani Perëndimor u përfshi në procesin e zgjerimit Evropian; dhe së dyti çështjet dhe dinamikat e kësaj përfshirje të cilat lidhet drejtpërdrejt dhe ekskluzivisht me Evropianizimin.

Në rastin e EQL, politika e zgjerimit dhe marrëdhënia me BE-në ka qenë e hershme, që në fillimet e viteve '90, ndërsa në rastin e Ballkanin Perëndimor perspektiva Evropiane filloi vetëm pas vitit

2000 atëherë kur BE-ja i njohu vendet e BP si vende potencialisht kandidate dhe vendosi zbatimin e politikës së zgjerimit për këto vende. Pra, kur flasim për Evropianizim të BP, fokusi duhet të jetë tek procesi i zgjerimit që nga viti 2000 e më tej.

Në lidhje me fushat e ndikimit të Evropianizimit, gama e çështjeve është tepër e gjerë dhe gjithëpërfshirëse pavarësisht se efektet në nivele të ndryshme nuk janë të njëjta. Ndikimi i procesit të zgjerimit është evidentuar në të gjitha aspektet politike (politeia, politika dhe politikat publike) që nga çështjet të ndjeshme të shtetësisë dhe identitetit kombëtar deri tek aktorët politikë dhe sektorë të caktuar publik. Studiues të shumtë kanë trajtuar raste studime specifik me fokus çështje të ndryshme të Evropianizimit të vendeve nga Ballkani Perëndimor. Gjetjet empirike të këtyre studimeve konfirmojnë se ndikimi i procesit të zgjerimit është gjithëpërfshirës, pavarësisht se i diferencuar midis (grup)shteteve dhe çështjeve të ndryshme. Ky Evropianizim i diferencuar është si rezultat jo vetëm i faktorëve në nivel të BE-së por edhe i rolit kufizues që luajnë faktorët e brendshëm. Përgjithësisht, efektet e Evropianizimit në politeia dhe politikë kanë qenë më të pakta ose të rreme, ndërkohë që ndikimi në politika të caktuara publike ka qenë më i dukshëm dhe i menjëhershëm, sidomos në fushat ku BE-ja mund të ofrojë përfitime specifike edhe në mungesë të anëtarësimit, siç ndodhi në rastin e liberalizimit të vizave.

EVROPIANIZIMI I POLITEIA-S

Analizat e evropianizimit në dimensionin e politeia-s zakonisht përqendrohen në ndikimin e procesit të zgjerimit në strukturat e organizimit të shtetit dhe në parimet themelore të demokracisë liberale.

Ndikimet në Sistemin dhe Mënyrën e Organizimit të Shteti

Procesi i zgjerimit ka një ndikim sistematik në institucionet shtetërore, si në atë ekzekutiv, legjislativ dhe gjyqësor të BP.

Në lidhje me ekzekutivin, ky ndikim është kryesisht rezultat i nevojës që lind për të organizuar marrëdhënie me BE, për të formuluar pozicionet negociuese dhe për të zbatuar politikat e BE-së, më shumë sesa përpjekje e qëllimshme e BE-së për të ndryshuar strukturat ekzekutive. Ashtu si në vendet e EQL, modeli i koordinimit ndërqeveritar është ose i fragmentarizuar ose i përqendruar në varësi edhe të fazave të anëtarësimit, ku kryesisht në fazat e mëvonshme të anëtarësimit vërehet një tendencë drejt një koordinimi më të përqendruar dhe hierarkik.[38] Impakti nuk ka qenë vetëm në nivelin qëndror të ekzekutivit, por edhe në agjencitë ekzekutive (gjysmë-)autonome (si brenda ministrive apo edhe agjencive publike autonome me personalitet juridik). Pas vitit 2001, agjencitë e krijuara ishin shpesh herë të imponuara nga procesi i anëtarësimit në BE. Në rastin e Kroacisë, gjatë periudhës 2001-2009 janë krijuar shumica e agjencive të pas viteve '90 (53 agjenci ose 71% e gjithë agjencive të krijuara), mesatarisht 6 agjenci në vit; dhe pas vitit 2010 ka një rënie në numrin e agjencive të krijuara në vetëm 2 agjenci në vit (Musa dhe Koprić 2011). Edhe në rastin e Malit të Zi, numri i agjencive ekzekutive u rit me 40% (nga 38 në 53, 2004- 2011) dhe riorganizimi i administratës shtetërore, në janar 2012 e cila kishte një theks të veçantë në integrimin dhe koordinimin e administratës shtetërore, çoi në një rënie të konsiderueshme të numrit të agjencive ekzekutive - nga 37 në 14 (Koprić, Kovač dhe Musa 2012). Ky ndryshim i trendit

---

[38] Në fillim të procesit të pranimit, Kroacia preferoj një ministri të veçantë, por më vonë e zhvendosi rolin koordinues në Ministrinë e Punëve të Jashtme (dhe Evropiane). Në rajon, Shqipëria dhe Kosova aktualisht aplikojnë këtë model.

në intensifikimin e agjencive dhe më pas me një de-agjensifikim (reduktim) ka të bëjë me racionalizimin e sektorit publik atëherë kur çështja nuk është më prioritet i BE-së.

Në lidhje me legjislativin, vetëm së fundmi Komisioni Evropian ka filluar t'i kushtojë më shumë vëmendje parlamenteve në shtetet kandidate për të promovuar dhe siguruar reformat lidhur me pranimin. Si rezultat, parlamentet kombëtare në shtetet kandidate kanë më shumë mundësi për të formësuar përmbajtjen e këtyre reformave dhe për të përmbysur 'avantazhin e ekzekutiv' dhe sigurimin e gjithë-përfshirjes në procesin e anëtarësimit/ negociatave. Deri më tani vlerësimi i këtij impakt nuk është studiuar për të pasur një vlerësim të përgjithshëm të ndikimit në legjislativin e vendeve kandidate të BP, por gjithsesi mund të themi se bashkëpunimi ndër-parlamentar (veçanërisht marrëdhëniet me Parlamentin Evropian) mund të luajë një rol të rëndësishëm në socializimin e deputetëve të Ballkanit Perëndimor dhe ndarjen e 'praktikave më të mira' (Strelkov 2016). Po ti referohemi, të dhënave mbi rezultatet e prodhimtarisë legjislative kombëtare në të gjitha parlamentet e BP midis periudhës 2001 - 2015, numri i ligjeve të miratuara në vit, është rritur 98%, gjë e cila reflekton intesifikimin e reformave legjislative gjatë periudhës së anëtarësimit; p.sh. midis viteve 2003-2009 Serbia (47 në 265) dhe Kroacia (nga 182 në 308) kanë rritje të konsiderueshme të numrit të ligjeve të miratuara në vit, ndërsa Maqedonia (nga 149 në 606) ka rritje në periudhën 2009 – 2015 (Mendelski 2016, 353).

Në lidhje me gjyqësorin, ndikimi i BE-së në shtetet e Ballkanit ka qenë i pjesshëm dhe jo-koherente. Perspektiva e anëtarësimit në BE ka qenë një nxitës i ndryshimeve institucionale në Ballkanin Perëndimor, por standardet e sundimit të ligjit nuk janë përmirësuar në mënyrë të ndjeshme; p.sh. në qershor 2010, parlamenti kroat amendoi kushtetutën për të forcuar pavarësinë e gjyqësorit dhe për të zvogëluar ndërhyrjen politike duke rritur autonominë e Këshillit

Shtetëror Gjyqësor dhe Këshillin Shtetëror të Prokurorisë dhe duke reduktuar fuqinë e Ministrisë së Drejtësisë në emërimet gjyqësore (European Commission 2010). Në lidhje me sundimin e ligjit, vërejmë ndryshime pozitive në performancën e sundimit të ligjit, ku progres të mirë ka Kroacia, si dhe Shqipëria dhe Serbia po të konsiderojmë stadin e tyre të ulët fillestar në 2000 pavarësisht se ky progres është i pamjaftueshëm. Gjithashtu, ajo që vërehet është përkeqësimi që këto vende po pësojnë sidomos pas vitit 2014, shih Figura 2 Sundimi i Ligjit në vendet e Ballkanit Perëndimor 1996-2015.

Demokratizimi si Kusht i Domosdoshëm për Anëtarësimin në BE

Që pas mbarimit të konflikteve në rajon, politika e BE-së në Ballkanin Perëndimor ka lundruar midis prioritetit afat shkurtër të ruajtjes së stabilitetit dhe nevojës për reforma demokratike afatgjata. Stabiliteti në rajon është arritur, paqja është vendosur dhe nuk ka tendenca konfliktesh ushtarake dhe spastrime etnike. Ndërsa demokratizimi i vendeve të rajonit ndonëse ka shënuar arritje është përsëri në udhëkryq dhe normat demokratike nuk po rrënjosen për të qenë të pakthyeshme.

Po ti referohemi vlerësimeve të raporteve të *Freedom House* (Kombe në Tranzit - *Nations in Transit*), të cilat vlerësojnë statusin e zhvillimit dhe reformave demokratike në vendet ish-komuniste të Lindjes, vërejmë se niveli i demokracisë në rajon varion nga regjime autoritare gjysëm të konsoliduara (p.sh. Kosova), në regjime hibride (si Shqipëria, Bosnjë-Hercegovina, Maqedonia) dhe demokraci gjysëm të konsoliduara (si Kroacia, Serbia dhe Mali i Zi).

Figura 2 Sundimi i Ligjit në vendet e Ballkanit Perëndimor 1996-2015

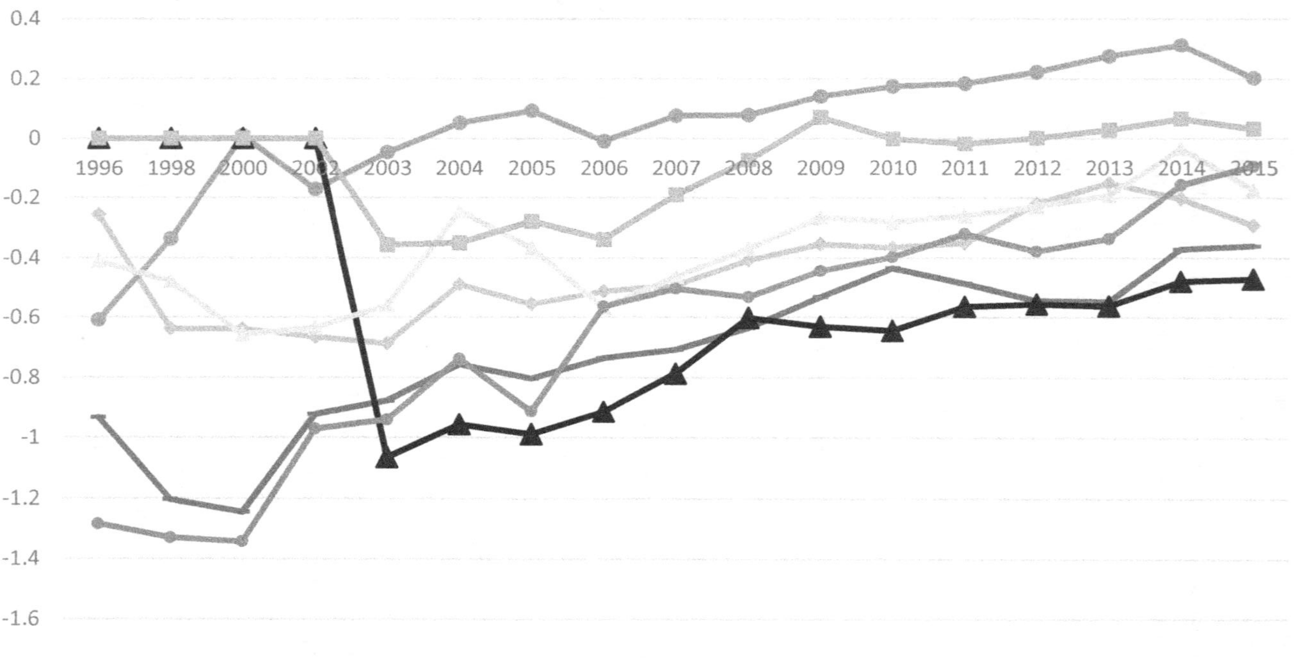

Burimi: Sundimi i ligjit – Banka Botërore

Nëse do të konsiderojmë harkun kohor, ajo që vihet re është se në fillimet e perspektivës Evropiane ka një përmirësim të ndjeshëm, i cili më pas shoqërohet me një stanjacion dhe vitet e fundit ka një tendence regresi në nivelin e demokracisë. Pas një progresi të konsiderueshëm deri në vitin 2010, rajoni i Ballkanit ka shtatë vjet me radhë që indeksi i demokracisë ka pësuar rënie, reformat në rajon janë ngadalësuar dhe tani po sprapsen, ku mesatarja është e njëjtë me atë të vitit 2004 (Schenkkan 2016, 2). Sot rajoni karakterizohet si demokraci të dobëta me udhëheqës me mendje autokratike, të cilët qeverisin përmes rrjeteve joformale dhe patronazhit, ku masat mbrojtëse, siç janë mediat e pavarura dhe institucionet e forta, po dështojnë, si dhe klientelizmi po lidh shumë qytetarë me elitat qeverisëse nëpërmjet kooptimit dhe forcës (Kmezić dhe Bieber 2017, 95). Sfidat e BP sot mbeten shtete të dobëta me institucione jo-funksionale, perceptim i gjerë i korrupsionit dhe klientenizmit, niveli i lartë i polarizimit politik të brendshëm ndërmjet elitave si dhe zgjedhje jo gjithmonë të drejta pavarësisht se janë të lira.

Efekti i përfshirjes së BE në mbështetjen e demokracisë së vendeve të Ballkanit Perëndimor është e qartë, sidomos duke e krahasuar me situatën në të cilën këto vende kanë qenë 20 vjet më parë (përpara perspektivës Evropiane, para vitit 2000), i gjithë rajoni ka përfituar shumë nga ndërveprimi dhe bashkimi me BE-në (Linden 2011, 136). Është fakt që transformimet demokratike në rajon, kanë shënuar arritje pozitive që duhet të konsolidohen për ti bërë shtetet e BP vende demokratike të pakthyeshme.

Figura 3 Indeksi i Demokracisë për Ballkanin Perëndimor 2000 - 2017

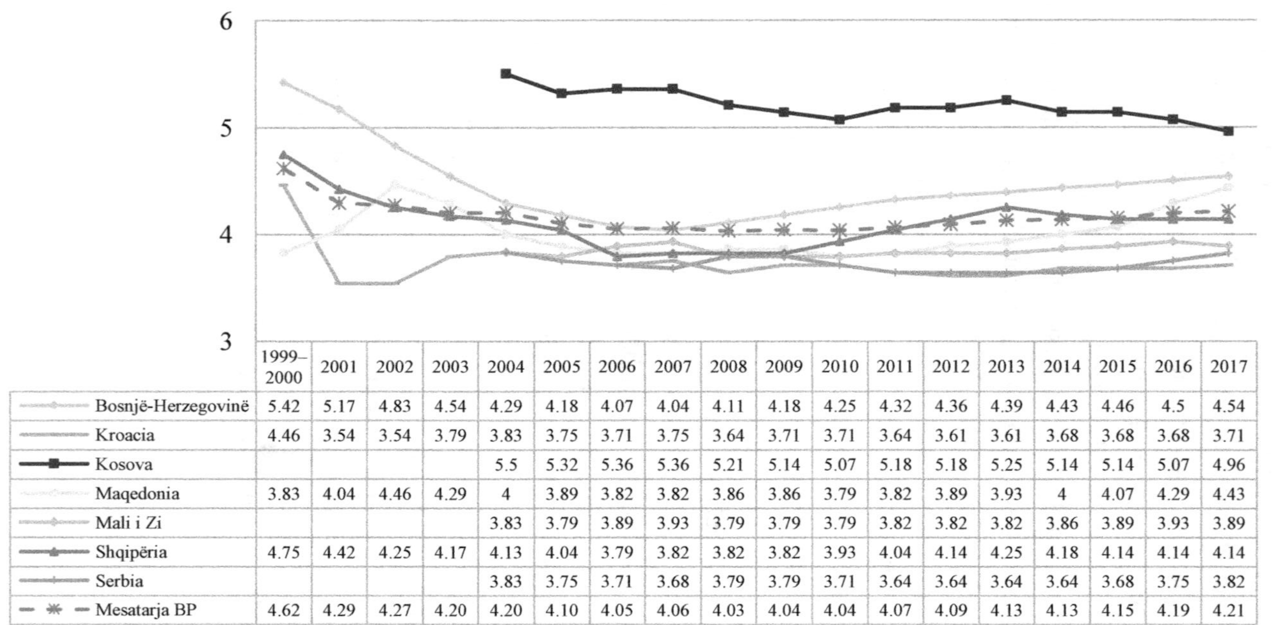

	1999–2000	2001	2002	2003	2004	2005	2006	2007	2008	2009	2010	2011	2012	2013	2014	2015	2016	2017
Bosnjë-Herzegovinë	5.42	5.17	4.83	4.54	4.29	4.18	4.07	4.04	4.11	4.18	4.25	4.32	4.36	4.39	4.43	4.46	4.5	4.54
Kroacia	4.46	3.54	3.54	3.79	3.83	3.75	3.71	3.75	3.64	3.71	3.71	3.64	3.61	3.61	3.68	3.68	3.68	3.71
Kosova					5.5	5.32	5.36	5.36	5.21	5.14	5.07	5.18	5.18	5.25	5.14	5.14	5.07	4.96
Maqedonia	3.83	4.04	4.46	4.29	4	3.89	3.82	3.82	3.86	3.86	3.79	3.82	3.89	3.93	4	4.07	4.29	4.43
Mali i Zi					3.83	3.79	3.89	3.93	3.79	3.79	3.79	3.82	3.82	3.82	3.86	3.89	3.93	3.89
Shqipëria	4.75	4.42	4.25	4.17	4.13	4.04	3.79	3.82	3.82	3.82	3.93	4.04	4.14	4.25	4.18	4.14	4.14	4.14
Serbia					3.83	3.75	3.71	3.68	3.79	3.79	3.71	3.64	3.64	3.64	3.64	3.68	3.75	3.82
Mesatarja BP	4.62	4.29	4.27	4.20	4.20	4.10	4.05	4.06	4.03	4.04	4.04	4.07	4.09	4.13	4.13	4.15	4.19	4.21

Burimi: Nations in Transit, Freedom House. Shih https://freedomhouse.org/report/nations-transit/nations-transit-2017
Shënim: Përllogaritja e Indeksit të Demokracisë është një mesatare e vlerësimeve mbi procesin zgjedhor, shoqërinë civile, median e pavarur, qeverisjen demokratike në nivel kombëtar dhe atë lokal, pavarësinë e gjyqësorit dhe nivelin e korrupsionit. Në bazë të indeksit të demokracisë dhe shkallës së tij nga 1 (niveli më i lartë i progresit demokratik) deri në 7 (niveli më i ulët), Freedom House ka përcaktuar 5 llojet e regjimit: Demokraci e Konsoliduar (1-3), Demokraci Gjysëm e Konsoliduar (3-4), Qeveri Tranzicionale / Regjim Hibrid (4-5), Regjim Autoritar Gjysëm i Konsoliduar (5-6), dhe Regjimi Autoritar i Konsoliduar (6-7).

Analizat e evropianizimit në dimensionin e politikës përqendrohen në ndikimin e procesit të zgjerimit në partitë politike, grupet e interesit, shoqërinë civile dhe opinionin publik. Sa i përket dimensionit të politikës ka vetëm një numër të kufizuar studimesh të ndikimit të BE-së ndaj vendeve të Ballkanit Perëndimor.

Ndikimet në Opinionin Publik, Shoqërinë Civile dhe Grupet e Interesit

Grupet e interesit dhe shoqëria civile janë një aktor i rëndësishëm kur bëhet fjalë për përfshirjen në procesin e anëtarësimit në BE, duke lobuar drejtpërdrejt ose duke iu bashkuar grupeve homologe në nivel Evropian. Analiza empirike e të dhënave të sondazhit mbi grupet e interesit në Maqedonia, Serbia dhe Malin e Zi tregon se grupet e interesit (shoqatat e biznesit) nuk janë më shumë të Evropianizuara sesa shoqëria civile (OJF-të), madje në rajon në përgjithësi, *think tank*-et dhe fondacionet i atribuojnë rëndësi më të madhe BE-së dhe janë të përfshirë thellësisht në monitorimin e procesit të anëtarësimit më tepër se sa shoqatat e biznesit (Cekik 2017). Megjithatë, kufizime ekzistojnë në varësi edhe të sektorëve të ndryshëm të politikave. P.sh Fagan (2010) vlerëson se cilësia e përfshirjes së shoqërisë civile në rastin e politikave ambjentaliste është e ulët dhe e pamjaftueshme për të ofruar ekspertizë dhe ndihmë në kontekstin e anëtarësimit në BE. Ndërsa në rastin e zbatimit të ligjit, mobilizimi i shoqërisë civile në procesin e anëtarësimit në BE, nuk mund të shpjegohet vetëm si rezultat i stimujve të jashtëm të BE-së, por është më tepër rezultat i dinamikës së difuzionit transnacional dhe nxjerrjes së mësimeve, si në rastin e koalicioneve të shoqërisë civile për monitorimin e kapitullit 23 të negociatave i cili ka të bëjë me gjyqësorin dhe të drejtat e njeriut ku eksperienca kroate udhëzoi dhe formëzoi përpjekje të ngjashme në vendet e Ballkanit Perëndimor (Wunsch 2015).

Në rajon perceptimi për anëtarësimin në BE nuk është negativ pasi një numër i vogël i qytetarëve e perceptojnë anëtarësimin e vendit të tyre në BE si një gjë e keqe (20%). Shumica e qytetarëve mendojnë se anëtarësimi në BE është një gjë e mirë (40%) ose kanë një opinion neutral (37%). Për më tepër ky trend varion nga shteti në shtet. Ku, Serbia dhe Bosnjë-Hercegovina janë më Euroskeptikë, ndërsa në Kosovë dhe Shqipëri qytetarët janë shumë pro-antarësimit. Në përgjithësi, shtetet më të përparuara në procesin e integrimit në Bashkimin Evropian kanë një nivel më të lartë të Euroskepticizmit, - Kroacia si vend anëtar dhe Maqedonia, Mali i Zi dhe Serbia si vende të cilat janë hapur negociatat. Euroskepticizmi popullor po rritet në rajon jo vetëm në vende tradicionalisht Euroskeptike si Serbia (nga 10 në 31%), Bosnja (nga 7 në 21%), dhe Mali i Zi (nga 7 në 18%) ku rritja është shumë e ndjeshme, por edhe në shtete Eurofile si Shqipëria (nga 0 në 6%) dhe Maqedonia (7 në 15%). Në Kroaci Euroskepticizmi është në rënie, nga 30% në 18% e qytetarëve e shikojnë anëtarësimin e vendit si një gjë të keqe.

Tabela 6 Opinioni Publik mbi Anëtarësimin

	2006	2008	2009	2010	2015*	2016*
Shqipëria	84	83	88	81	84	81
Bosnjë-Hercegovina	70	59	77	75	30	33
Kroacia	35	29	26	25	32	33
Kosova	87	89	88	87	89	83
Maqedonia	76	66	62	60	41	47
Mali i Zi	64	57	67	73	35	38
Serbia	61	58	50	44	24	21

Burimi: (Gallup Balkan Monitor 2010), * (Regional Cooperation Council a.d.)
Pyetja: *Në përgjithësi, a mendoni se anëtarësimi i [VENDIT] në Bashkimin Evropian do të ishte një gjë e mirë, një gjë e keqe, ose as e mirë apo e keqe?*

Ndryshimi i Qëndrimeve në Partitë Politike: Përshtatja për t'iu Bashkuar BE-së

BE-ja dhe integrimi evropian ka qenë një çështje e vështirë dhe e diskutueshme për partitë politike në shtetet e Ish-Jugosllavisë (p.sh. Serbi, Kroaci) për shkak të gjitha dilemat themelore politike dhe shtetërore, të cilat kanë formësuar Euroskepticismin në partitë politike dhe shoqëritë e këtyre shteteve kryesisht pas shpërbërjes së dhunshme dhe luftërave në rajon. Në periudhën post-konfliktuale partitë politike të këtyre shteteve janë transformuar për shkak të integrimit evropian (zhvendosën pikëpamjet dhe qasjen e tyre drejt anëtarësimit dhe forcimit të marrëdhënieve me BE-në). Partitë politike të cilat braktisën Euroskepticizmin (p.sh. Partia Progresiste Serbe, Partia Socialiste e Serbisë dhe Bashkimi Demokratik Kroat), e bënë këtë gjë ndërsa ishin në opozitë të nxitura nga konsiderata strategjike për fitimin e pushtetit (Këto parti siguruan pjesëmarrjen në qeveri vetëm pas braktisjes së qëndrimeve të mëparshme euroskeptike - ky ndryshim është konsiderua si një vendim i domosdoshëm politik për partitë që synonin arritjen e pushtetit në vendet kandidate), pas formimit të një qeverie koalicioni në vitin 2012, të dy partitë (Partia Progresiste Serbe dhe Partia Socialiste e Serbisë) ndoqën një agjendë pro-BE të fortë që krijoi kushtet për fillimin e bisedimeve të anëtarësimit të Serbisë në BE. Stojić (2017, 751) gjeti se braktisja e qëndrimet të mëparshme euroskeptike dhe krijimi i qëndrimeve pro-evropiane janë një parakusht i domosdoshëm për partitë politike në vendet kandidate të Ballkanit Perëndimor për të qenë në pushtet (për të siguruar pjesëmarrjen në qeveri). Siç është konfirmuar në rastin e partive që sigurojnë pjesëmarrjen e qeverisë vetëm pasi kanë braktisur më parë qëndrimet e tyre afatgjatë euroskeptike. Euroskepticizmi i disa partive politike të vogla, të cilat kanë qenë të përjashtuara në mënyrë të përsëritur nga qeveria (në opozitë) ka qenë si pasojë e skepticizmit të tyre ndaj BE-së. 'Euroskepticizmi periferik' (i partive të vogla) është kryesisht për shkak të natyrës së këtyre partive si parti-protestuese, i cili bazohet më tepër në një ideologji të nacionalizmit dhe kundërshtimit të parimeve të demokracisë liberale sesa një vendimi i qëllimshëm strategjik i këtyre partive për të qenë anti-evropianë apriori. Euroskepticizmi i këtyre partive ka qenë më shumë 'protestë' ndaj p.sh. bashkëpunimit me gjykatën për krimet e luftës (GJPNIJ) dhe arrestimet e individëve të paditur për krime lufte (kushte për anëtarësimin në BE) sesa kundërshtim të objektivit për tu anëtarësuar në BE.

Evidentimi më i rëndësishëm i ndryshimeve të brendshme politike është ndryshimet në pozicionet e mbajtura nga partitë kryesore politike të vendeve të Ballkanit Perëndimor. Për të kuptuar nëse dhe kur partitë politike kanë ndryshuar qëndrim në Ballkanin Perëndimor do ti referohemi të dhënave nga sondazhet e ekspertëve në lidhje me qëndrimet e partive politike, shih (Benoit dhe Laver 2004) (Polk, etj. 2017); Këto banka të dhënash sigurojnë qëndrimin e secilës parti për çështje të ndryshme, në rastin tonë atë të anëtarësimit në BE.[39]

---

[39] **Qëndrimi Partiak** = (Orientimi i përgjithshëm i lidershipit të partisë drejt anëtarësimit në BE në vitin 2007; 1 = kundërshton fuqishëm reformat e mëdha vendore për t'u kualifikuar për anëtarësimin në BE sa më shpejt që të jetë e mundur; 2 = kundërshton; 3 = kundërshton disi; 4 = neutral; 5 = favorizon disi; 6 = favorizon; 7 = favorizon fuqimisht reformat e mëdha vendore për t'u kualifikuar për anëtarësimin në BE sa më shpejt që të jetë e mundur; Bashkimin me BE-në: Kundërshton bashkimin me BE-në (1) - Favorizon bashkimin me BE-në (20). **Spikatja** = (Spikatjen relative të integrimit evropian në qëndrimin publik të partisë në vitin 2007; 1 = nuk ka rëndësi; 2 = pak rëndësi; 3 = disa rëndësi; 4 = rëndësi e madhe). **Frangmentarizimi** = (shkalla e mospajtimit ndaj integrimit evropian në vitin 2014; 0 = Partia ishte plotësisht e bashkuar…10 = Partia ishte jashtëzakonisht e ndarë).

Tabela 7 Qëndrimi i Partive Politike të vendeve të BP në lidhje me anëtarësimin drejt BE-së (2003-2007-2014)

	Bosnjë-Hercegovinë							Kroacia								Maqedonia				
	HDZ 1990	HDZ BiH	SBiH	SDA	SDP	SDS	SNSD	HDSSB	HNS	HSLS	HSP	HSS	HZD	IDS	SDP	DPA	DUI	LDP	SDSM	VMRO-DPME
2003*		0.80	0.80	0.75	1.00	0.70	0.93		0.90	0.54	0.37	0.64	0.73	0.93	0.89	0.86	0.92	0.92	0.93	0.87
2007	0.57	0.65	0.67	0.69	0.92	0.33	0.45	0.46	0.95	0.76	0.43	0.67	0.79	0.95	0.98	0.74	0.74	0.86	0.94	0.83
2014	0.86	0.73	0.89	0.76	0.74	0.74	0.47	0.68	1.00	0.90	0.41	0.71	0.89	0.97	0.94	0.64	0.69		0.84	0.54

	Shqipëria							Serbia					
	LSI	PBDNJ	PD	PDIU	PKDSH	PR	PS	DS	DSS	LDP	SPO	SPS	SRS
2003*		0.89	0.92			0.88	0.91	0.93	0.64		0.77	0.42	0.23
2007								0.89	0.59	0.97	0.81	0.46	0.30
2014	0.91	0.81	0.78	0.90	0.78	0.80	0.94	0.92	0.25	0.97		0.79	0.87

Burimi: * (Benoit dhe Laver 2004) dhe Chapel Hill 2007, 2014 (Polk, etj. 2017). Duke marrë parasysh që këto të dhëna përdorni shkallë të ndryshme vlerësimi (nga 1 deri në 20, dhe nga 1 deri në 7, kemi përllogaritur raportin proporcional ndërmjet vlerës së dhënë në bankën e të dhënave në raport me vlerën maksimale të sondazhit përkatës.

Figura 4 Qëndrimi i Partive Politike të vendeve të BP në lidhje me anëtarësimin drejt BE-së (2003-2007-2014)

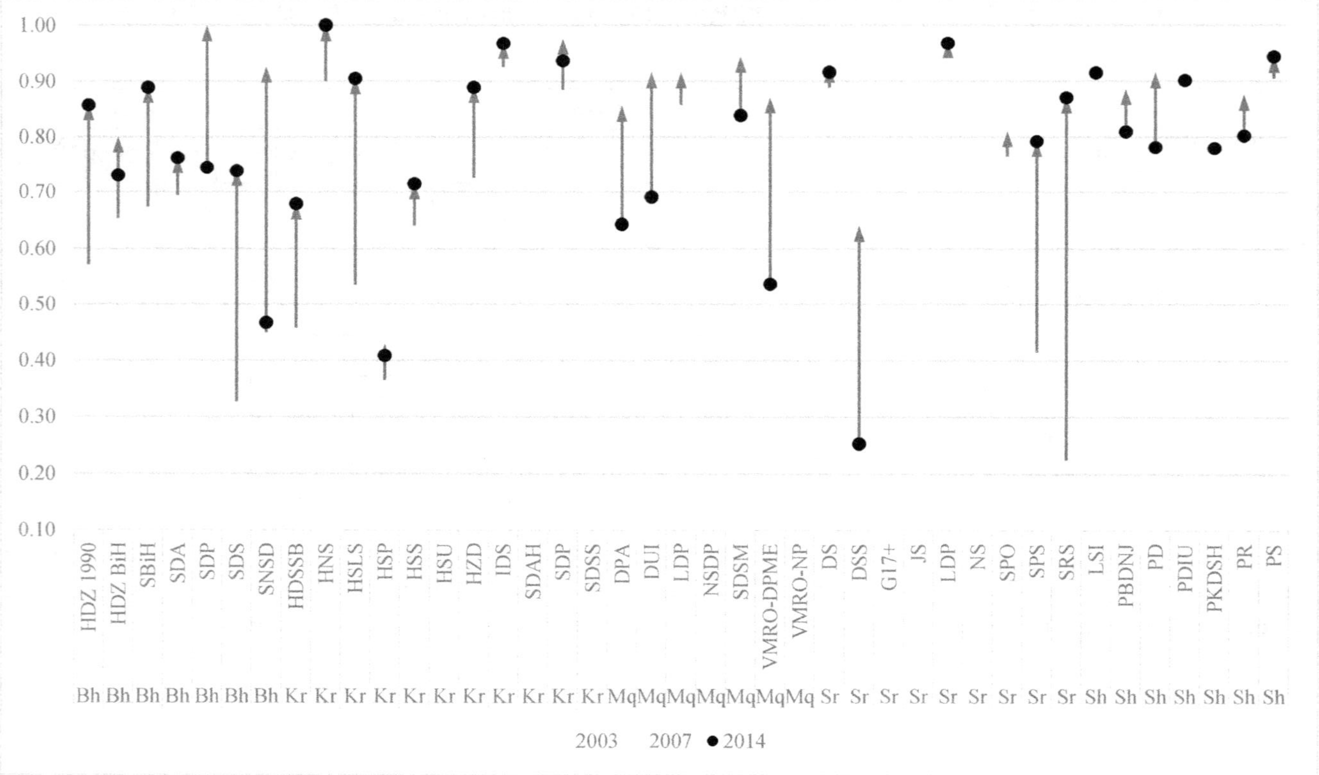

Dy observime janë me rëndësi për tu evidentuar. Së pari, qëndrimet e partive politike në vendet e Ballkanit Perëndimor janë shumë në favor të anëtarësimit në BE, dhe në një pjesë të mirë të tyre ka pasur një ndryshim pozitiv nëse i referohemi diferencave nga sondazhi i vitit 2003 me atë të vitit 2014 (PS (0.04), SBiH (0.09), SDS (0.04), HSLS, HSP, IDS (0.04), HSS (0.07), HZD (0.16), SDP (0.05), SPS (0.04)). Së dyti, vendet e Ballkanit Perëndimor ndryshojnë thellësish në mënyrën e qëndrimeve të tyre: Në Kroaci pothuajse të gjitha partitë kanë pasur një rritje pozitive ndaj anëtarësimit në BE (HNS 0.1; HSLS 0.37; HSP 0.043; HSS 0.074; HZD 0.16; IDS 0.04; SDP 0.052); Në disa Shtete si Bosnja dhe Maqedonia kemi një rritje të Euroskepticizmit të partive politike (p.sh në BiH SDP -0.26 pikë, HDZ BiH -0.07, SNSD -0.46; në Maqedoni DPA -0.21, DUI -0.22, SDSM -0.09, VMRO-DPME -0.33); në Serbi situata duket mikse pasi partitë në pushtet SPS (0.04) – Partia Socialiste e Dacic (Miloshevici ish-kryetar) e cila gjatë gjithë ekzistencës së saj ka përdorur retorikë dhe çështje nacionaliste, si dhe Partia Progresive Serbe (SNS 0.87 më parë SRS Partia Radikale Serbe) e presidentit Vucic kanë qëndrime pro-anëtarësimit, ndërsa partitë në opozitë janë kthyer më Euroskeptike.

Në vendet e BP, fuqia e BE-së ka ende një rol të rëndësishëm në formësimin e pozicioneve të partive politike, të cilat po moderojnë pozicionet e tyre dhe po zbatojnë agjenda në pajtueshmëri me BE-në. Në Kroaci dhe Serbi, partitë e mëdha politike ndryshuan rrënjësisht planet e tyre për t'i bërë ato të pajtueshme me BE-në dhe qeveritë zbatuan ndryshime të rëndësishme politike për të ecur përpara në procesin e anëtarësimit. Sidomos në rastin e Serbisë, është veçanërisht e dallueshme për shkak se një dekadë më parë Serbia ishte tejet e polarizuar dhe shumë pak e mundur për tu evropianizuar nga i gjithë rajonin. Aktualisht, në mesin e shteteve kandidate të Ballkanin Perëndimor, dy shtete qëndrojnë në regresion dhe polarizim: Bosnja dhe Maqedonia. Për këto shtete, BE nuk ka qenë në gjendje të transformojë fuqinë e saj potenciale në stimuj të fuqishëm për politikanët dhe partitë që të sillen në mënyra që janë në përputhje me kriteret për anëtarësim në BE pasi në të dyja rastet, kjo është për shkak të *një pengese të jashtëzakonshme dhe unike* ndaj fuqisë të BE-së: Në rastin e Bosnjës është struktura e konkurrencës politike e Dejton-it dhe për Maqedoninë është vetoja e vazhdueshme greke për mosmarrëveshjen e gjatë për emrin pavarësisht përparimit në procesin e anëtarësimit. Bosnja ka stagnuar: ka pak ose aspak lidhje midis rezultateve të zgjedhjeve dhe nëse partitë në pushtet i japin përparimit drejt anëtarësimit në BE; Si rezultat, vërtetimet e tyre të mbështetjes së BE-së janë pothuajse të pakuptimta. Maqedonia, është një rast shumë shqetësues për kthimin prapa në terma të demokratizimit në Ballkanin Perëndimor: Ish-Partia në pushtet ka hequr dorë nga demokracia liberale drejt institucionalizimit të një sundimi autoritar. Në të dy vendet elitat qeverisëse përfitojnë nga *status quo*: dhe për ta mbrojtur atë, ata e mbajnë BE-në në gjirin e tyre. Përparimi në procesin e pranimit në BE do të kërcënonte aftësinë e tyre për të nxjerrë qiratë e tilla të larta nga shteti dhe ndoshta edhe t'i hapnin ato për ndjekje penale për krimet e kaluara. Si rezultat, partitë në pushtet nuk bëjnë përpjekje për të zhvendosur thelbin e konkurrencës partiake - dhe në Maqedoni kjo ka nënkuptuar marrjen e hapave për ta bërë më pak të ngjarë që Greqia të heqë veto.

Tabela 8 Sondazhi i Qëndrimeve të Partive Politikë 2014

Shteti	Emri i partisë politike	Qëndrimi i partisë politike (1-7)	Frangmentarizimi i partisë politike rreth integrimit evropian (0-10)	Spikatja e integrimit evropian në qëndrimet publike të partive politike (0 -10)
Shqipëria	LSI	6.40	0.73	8.93
	PBDNJ	5.67	1.31	7.80
	PD	5.47	1.27	8.47
	PDIU	6.31	1.50	7.20
	PKDSH	5.45	1.83	6.86
	PR	5.62	0.62	7.53
	PS	6.60	0.80	8.87
Bosnja-Hercegovina	BPS	4.76	1.50	4.76
	DF	6.21	1.41	7.84
	DNS	4.29	1.17	3.94
	HDZ 1990	6.00	1.87	6.89
	HDZ BiH	5.11	1.44	5.84
	NDP	5.81	1.31	5.83
	PDP	5.82	1.07	6.16
	SBB BiH	6.22	1.19	7.37
	SDA	5.33	2.53	6.39
	SDP	5.21	2.24	6.63
	SDS	5.17	2.07	5.05
	SNSD	3.26	2.50	2.95
Kosova	AAK	6.00	1.17	8.23
	AKR	5.93	1.69	7.62
	LDK	6.14	1.46	8.54
	LV	5.14	3.75	6.00
	NPK	5.92	1.82	6.54
	PDK	6.07	1.69	8.85
	SL	4.17	3.00	2.46
Maqedonia	DPA	4.50	2.85	5.67
	DUI	4.83	2.05	7.00
	GROM	4.64	1.63	5.88
	NDP	5.10	1.40	7.00
	SDSM	5.87	2.90	8.04
	VMRO-DPMNE	3.75	2.16	4.79

Shteti	Emri i partisë politike	Qëndrimi i partisë politike (1-7)	Frangmentarizimi i partisë politike rreth integrimit evropian (0-10)	Spikatja e integrimit evropian në qëndrimet publike të partive politike (0 -10)
Mali i Zi	BS	5.75	1.00	7.92
	DPS	5.33	1.33	8.92
	LPCG	5.91	1.10	9.00
	NOVA	5.08	2.50	6.58
	PCG	6.17	1.00	8.92
	PzP	5.58	1.67	8.08
	SDP	5.92	1.50	9.08
	SNP	5.42	2.33	7.58
Serbia	DS	6.41	1.00	8.09
	DSS	1.77	2.25	5.32
	Dveri	1.40	0.28	3.82
	LDP	6.77	0.52	8.55
	LSV	6.52	0.50	7.86
	PUPS	4.50	2.94	4.14
	SDP	5.95	1.53	7.14
	SDS	6.47	0.89	8.05
	SNS	6.09	4.05	8.09
	SPS	5.55	3.35	6.64

Burimi: Chapel Hill 2014, (Polk, etj. 2017)

Në terma të përgjithshme, mbështetja për anëtarësim në BE (sipas të dhënave për partitë politike në BP në vitin 2014) është e lidhur fort me partitë libertariane në boshtin social, dhe me ato të qendrës apo të krahut të djathtë në boshtin ekonomik. Ndërsa në mesin e viteve 2000, rajoni kishte disa parti që kundërshtonin BE-në që vinin nga e majta, në ditët e sotme shumica e opozitës ndaj BE-së vjen nga parti konservatore ose nacionaliste. Duke parë se si pozicionet e partive kanë ndryshuar nga 2007 në 2014, vërejmë dy trende të ndryshimeve në partitë politike në vendet e BP. Në Kroaci dhe Serbi, partitë që kërkojnë pushtet kanë reaguar ndaj stimujve të fuqishëm për të ndryshuar dhe moderuar pozicionet e tyre në mënyrë që të jenë të pajtueshme me BE-në. Kurse në Bosnjë dhe Maqedoni vërehet 'kapja' e shtetit nga partitë nacionaliste.

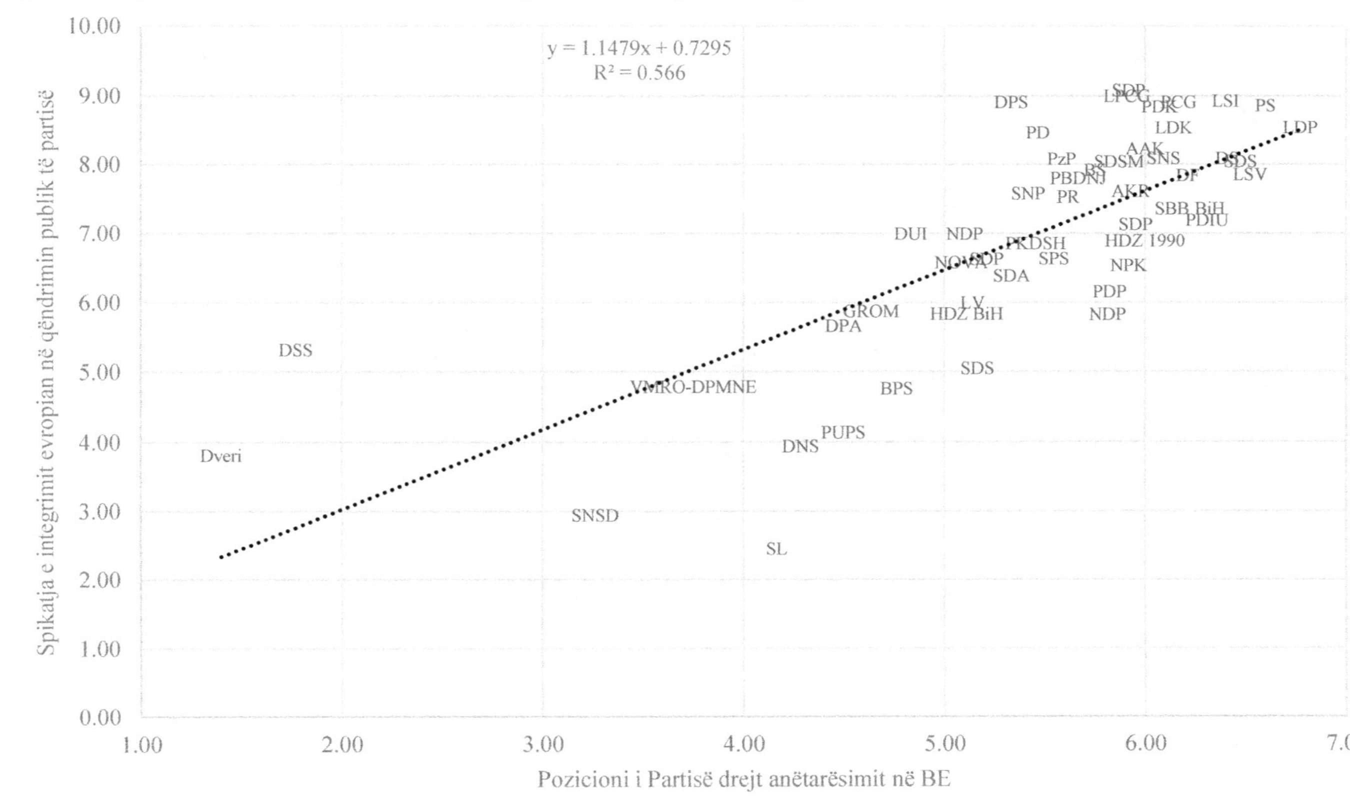

Figura 5 Hapësira e Partive Politike Pro-Evropiane kundrejt Euroskeptikeve

Figura 6 Fragmentarizimi i Qëndrimit të Partive Politike për Anëtarësimin në BE

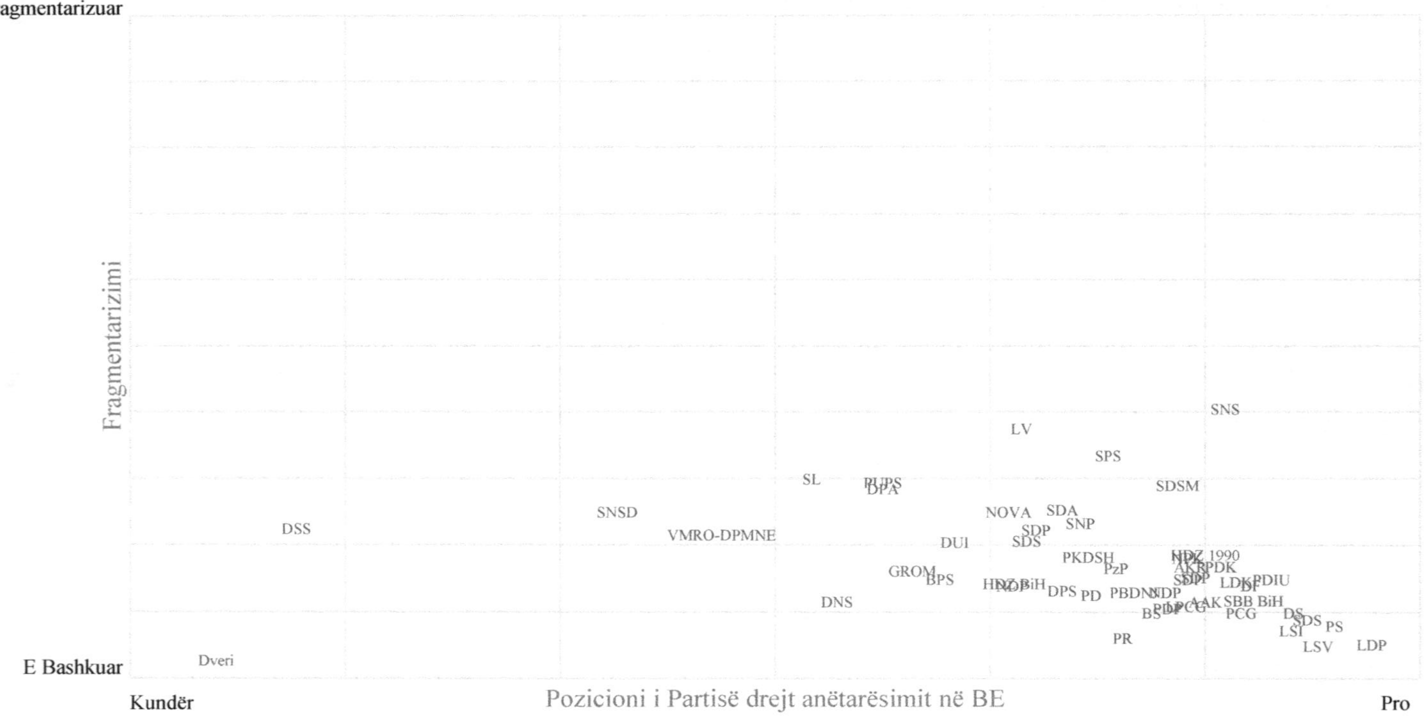

Në Figurën 5 përdorim të dhënat më të fundit (2014) për të përcaktuar partitë jo vetë si pro integrimit në përgjithësi por edhe ato parti të cilat kanë anëtarësimin në BE si çështjen kryesore të qëndrimeve të tyre publike. Ky edhe si një kontroll shtesë mbi vlefshmërinë e qëndrimeve të partive politike ndaj integrimit. Në figurë paraqitet edhe korrelacioni pozitiv midis pozicionit të një partie mbi integrimin evropian dhe rëndësinë që ajo vendos në retorikën e saj publike. Siç mund të pritet, këto ndryshore lidhen mjaft mirë me njëri-tjetrin dhe tregojnë se partitë që janë pro anëtarësimit evropian në përgjithësi e bëjnë këtë publike.

Partitë politike në BP duket se nuk kanë fraksione brenda tyre në lidhje me çështjen e anëtarësimit në BE. Frangmentarizimin më të madh e kanë parti të cilat kanë tendencë të jenë më shumë Euroskeptike si në rastin e Bosnjës (SDA, SDP, SDS) dhe Maqedonisë (DPA, DUI, SDSM, VMRO-DPMNE). Përjashtim, bën rasti i Partisë Progresive Serbe (SNS) dhe partisë Demokratike të Serbisë (DSS) e cila është pro-integrimit, ka një shkallë të madhe të frangmentarizimit të brendshëm kjo edhe për shkak se partia vetë është nacionaliste, shih Figura 6 Fragmentarizimi i Qëndrimit të Partive Politike për Anëtarësimin në BE.

Studimi i Stratulat (2014) gjeti se shumica dërrmuese e partive në BP mbështesin integrimin evropian, pavarësisht nga pozicioni i tyre në pushtet apo në opozitë, me përjashtim të rastit të partisë Demokratike të Serbisë (DSS) dhe partisë Aleanca Kuq e Zi (Shqipëri), të cilat janë parti periferike dhe ose kanë bërë thirrje për ndërprerjen e marrëdhënieve me BE-në kryesisht për shkak të njohjes së Kosovës nga BE-ja (rasti i Serbisë), ose kanë promovuar unifikimin e të gjithë shqiptarëve në rajon në një shtet të vetëm. Euroskepticizmi (mos-orientimi ndaj çështjes së anëtarësimit) mund t'i atribuohen sjelljes strategjike të këtyre partive, të cilat mund të fitojnë duke theksuar kundërshtinë ndaj BE-së.

EVROPIANIZIMI I POLITIKAVE PUBLIKE

Ndikimet e Procesit të Zgjerimit në politikat e ndryshme Publike

Studime empirike janë kryer në dimensionin e politikave publike sidomos në fushat të cilat kanë një rëndësi të madhe politike si reforma në drejtësi dhe sundimi i ligjit, sektori i mjedisit etj. Rezultatet kanë qenë të ndryshme si për sa i përket faktorëve të influencës ashtu edhe shkallës së Evropianizimit të sektorëve të caktuar. Në këtë seksion do të trajtojmë ndikimin e procesit të evropianizimit në disa prej sektorët publikë.

Reforma në Drejtësi dhe sundimi i ligjit: Rasti i Kroacisë tregoi se reforma në drejtësi ishte veçanërisht e shpejtë dhe efikase në zgjidhjen e problemeve që kishin të bënin me kornizën institucionale dhe garancitë e pavarësisë së gjyqësore duke përdorur BE-në si një levë të fuqishme për të justifikuar dhe miratuar ndryshime të rëndësishme (Noutcheva dhe Aydin-Düzgit 2012). Studimet në rastin e vendeve të Ballkanit Perëndimor, - (Trauner 2011), (Noutcheva dhe Aydin-Düzgit 2012) (Dallara 2016) - tregojnë se përparimi në reformat në fushën e drejtësisë, më shumë se në fusha të tjera, kërkon konsensus të aktorëve kombëtarë mbi objektivat e integrimit evropian dhe kjo mund të arrihet përmes përafrimit të interesave të elitave kombëtare me qëllimet e BE-së. P.sh. Në Kroaci në vitin 2009 lideri i ri HDZ-së (Jadranka Kosor, pasardhësi i Sanader) përshpejtoi reformën e sundimit të ligjit ky veprim ishte rezultat jo vetëm i presionit të BE-së por edhe përpjekje e Kosor për të garantuar kredencialet e veta politike (pati një përputhshmëri të preferencave të liderit politik me rregullat e BE-së, në mënyrë që BE-ja të mbështeste pozitën e saj) (Shih Noutcheva dhe Aydin-Düzgit (2012). Për më tepër, Mendelski (2013) argumenton se vendet e Ballkanin Perëndimor janë në mes të reformave gjyqësore të udhëhequra nga BE-ja dhe përputhshmëria me kushtet e BE-së është e pjesshme (më shumë në aspektet e ngritjes së kapaciteteve dhe pak ndryshime në reale në aspektet e paanësisë dhe zbatimi neutral i ligjit) për shkak të pamjaftueshmërisë së qasjes teknokratike të BE-së për të trajtuar taktikat informale dhe strukturat e pushtetit klientelist si dhe për shkak të strukturave gjysëm-mafioze dhe kriminale të përdorura nga aktorë kombëtarë, duke sugjeruar nevojën për një qasje më gjithëpërfshirëse dhe komplementare ku BE-ja të përfshijë gjithashtu edhe mekanizma socializuese dhe të të nxënit.

Politika energjitike: BE ka përdorur dy instrumente kryesore për të Evropianizuar sektorin e energjisë në Ballkanin Perëndimor: nëpërmjet monitorimit të përputhshmërisë së legjislacionit dhe politikave të vendeve të BP me *acquis* e BE-së (kryesisht kapitulli 15); nëpërmjet krijimit të një organi rajonal të veçantë për Ballkanin Perëndimor, Komunitetin e Energjisë në Evropën Juglindore (një traktat shumëpalësh i nënshkruar në vitin 2005 nga BE dhe vendet e BP me qëllim krijimin e një kuadri ligjor për një treg të integruar dhe të liberalizuar të energjisë, miratimin e *acquis* relevante për energjinë, mjedisin dhe konkurrencën; si dhe krijimin e planeve të punës dhe monitorimin e zbatimit). Studimet tregojnë se BE po përballet me shumë sfida në transformimin e politikës energjetike në Ballkanin Perëndimor, pasi progresi drejt përmbushjes së qëllimeve të përcaktuara në traktatin e Komunitetit të Energjisë ka qenë i kufizuar dhe zbatimi i tyre edhe më i dobët, kjo për shkak të një rezistencë të fortë të brendshme ku presioni i BE-së për liberalizimin dhe reformimin e tregut të energjisë nga njëra anë po përballet me grupet ambientaliste të cilat evidentojnë mos-përthueshmërinë e qëllimeve të BE-së e cila po favorizon liberalizimin e tregut në kurriz të ambientit, dhe nga ana tjetër me industritë vendase interesat e të cilave janë ngulitur në praktikat e trashëguara komuniste të pronësisë shtetërore dhe subvencionimeve (Lindstrom 2011). Në kushtet e këtyre kundërshtive të brendshme, përveç presionit politik nga Komisioni Evropian ka qenë e nevojshme edhe stimujt afatshkurtër financiarë për të gjeneruar motivimin politik për miratimin e politikave në sektorin energjetik (Renner dhe Trauner 2009, 462).

Politika Rajonale dhe ajo e Kohezionit: Qeveritë qendrore në rastin e BP kanë tentuar të bëjnë ndryshime kozmetike për të plotësuar kërkesat e BE-së por pa e dëmtuar fuqinë e tyre brenda proceseve vendore; këtu, nocioni historik institucional i 'shtresimit' është i dobishëm në përshkrimin se si qeveritë shtojnë strukturat dhe procese të reja në organizime ekzistuese dhe i pranojnë ato si përmirësime të nevojshme dhe të pranueshme që nuk e minojnë rolin e tyre kryesor (Bache, etj. 2011). Ndonëse ka faktorë të tjerë në punë, politika e kohezionit dhe ndihma e para-anëtarësimit padyshim ka përhapur nivelet dhe mënyrat e qeverisjes në BP, janë krijuar rrjetet e politikave të cilat ofrojnë lidhje të reja ndërmjet aktorëve në nivele dhe sektorë të ndryshëm. (Bache, etj. 2011).

Politikat Sociale: Midis studiuesve ekziston konsensus që rëndësia e politikave sociale në procesin e anëtarësimit kanë qenë dhe vazhdojnë të jenë mjaft të dobëta (Lendvai 2004, 322). Në rastin e Ballkanit Perëndimor, Evropianizimi (ose më saktë EUizimi) është një proces jo uniform dhe koherent në të cilin BE aplikon një sërë programesh të asistencës së jashtme të cilat nuk korrespondojnë me axhendën e saj dhe nga ana tjetër duhet të kuptohet në kontekstin e një 'konkurrence' më të gjerë të aktorëve dhe donatorëve ndërkombëtarë (p.sh Bankës Botërore) të cilët kanë një kornizë të 'përshtatjes strukturore' të mirë-përcaktuar në fushat kyçe të politikës sociale (siç janë pensionet, mbrojtja sociale dhe shëndetësia) kurse BE përdor mekanizma 'të butë' si p.sh. mbështetja dhe monitorimi i miratimit të kuadrit rregullator të *acquis*; përdorin mekanizmin e përfshirjes së ekspertëve lokalë në politikat që prodhon duke i legjitimuar ato për audiencën kombëtare (Deacon, Lendvai dhe Stubbs 2007, 229).

Ambienti: Pavarësisht edhe pse disa nga vendet e Ballkanit Perëndimore janë shtete kandidate (p.sh. rasti i BiH) dhe nuk janë akoma subjekt i *acquis*, ndryshimet në sektorin mjedisor kanë synuar harmonizimin me standardet dhe praktikat e BE-së (Fagan and Sircar 2010). Përputhshmëria me kushtet mjedisore të BE-së ka sjellë përparësi në lidhje me plotësimin e legjislacioni mjedisor vendas, në rritjen e investimeve në infrastrukturën mjedisore, si dhe në rritjen e kapaciteteve të strukturave administrative kombëtare ndonëse sfida e vendeve të Ballkanit Perëndimor mbetet zbatimi i *acquis* të mjedisit të BE-së për shkak të gjerësisë dhe kompleksitetit të legjislacionit dhe politikave të përfshira si dhe kostove të larta financiare (Baker 2015). Ndryshimet substanciale në sjellje, nuk janë rezultat i ndikimit të kushtëzimit të BE-së por ndërhyrjet e organizatave ndërkombëtare të cilat nxitin të mësuarit social të politikave (Fagan 2012).

Edukimi: Në lidhje me politikën e edukimit, ndikimi i BE-së ka është dukshëm më i fortë në vendet më pranë anëtarësimit pasi janë qartësisht më të socializuara në proceset e politikave të BE-së, dhe kështu më të ndikueshëm ndaj përpjekjeve bindëse të Komisionit (Klemenčič 2013). Në rastin e politikës së edukimit, mbizotërojnë mekanizmat e bindjes (dialogu politik dhe bashkëpunimi teknik) dhe nxitjes (Projektet e financuara nga BE në fushën e reformave të arsimit të lartë, p.sh Tempus) të cilat janë fokusuar në ndërtimin e kapaciteteve në këtë fushë (Papadimitriou, Gornitzka dhe Stensaker 2015).

Migrimi dhe çështjet e sigurisë: Në rastin e migracionit dhe sigurimit të kufijve, ekziston një agjendë e mbikëqyrur nga Komisionit dhe shteteve anëtare pasi SEE perceptohet si 'pjesa e butë' e BE-së e ekspozuar ndaj rrjedhave të emigrantëve të parregullt;

Kjo çështje 'inkuadron' kapacitetet vendore në rrjetet ndërqeveritare që janë zhvilluar mbi migrimin në Bashkimin Evropian dhe në EJL. Në rastin e Kroaci, kishte një vëmendje shumë e madhe në përshtatjen e shpejtë me *acquis* e BE-së për çështje të sigurisë dhe migrimit. Në kushtet e qeverisjes së ndërvarësisë, rrjetet transnacionale janë një ambient për të mësuarit social; të mësuarit social në këto rrjeta kishte një komponent të fortë të detyrueshëm, por shtetet e BP u treguan 'nxënës të gatshëm' dhe ndryshimi në politikat e migracionit nuk mund të konsiderohen pa rolin e BE-së (Geddes dhe Taylor 2016).

Përputhshmëria me *Acquis*-në e BE-së

Për të thënë një vlerësim sistematik dhe gjithëpërfshirës të përputhshmërisë së politikave publike në vendet e Ballkanit Perëndimor me *acquis*-në e BE-së, do ti referohemi raporteve të progresit të Komisionit Evropian të cilat monitorojnë çdo vit në mënyrë të detajuar ecurinë në përmbushjen e kushteve të Kopenhagen-it.

Një zgjedhje e tillë është e justifikuar pasi: Së pari, progres raportet janë dokumentet kryesore të politikës së zgjerimit tregojnë ecurinë për sa i përket standardeve dhe objektivave të procesit të zgjerimit, nëpërmjet një vlerësimin kualitative të matshëm (shkalla e progresit). Raportet janë hartuar nga Komisioni Evropian në bazë të informacioneve të grumbulluara nga shumë burime, përfshi informacionet dhe kontributet nga delegacionet e BE-së, qeveritë e shteteve-anëtare dhe vendeve potencialisht shtete-anëtare, raporteve të Parlamentit Evropian dhe vlerësimet e bëra nga organizata të ndryshme ndërkombëtare (në veçanti Këshilli i Evropës, OSBE-ja, Institucionet Financiare Ndërkombëtare) dhe organizatat jo-qeveritare.

Metodologjikisht, progres raportet kanë një formë të standardizuar dhe rigoroze, ato ndjekin kryesisht të njëjtën strukturë si në vitet e mëparshme. Për më tepër, raportet e progresit përqendrohen në ndryshime relative, jo në ato absolute, çka i bën të dhënat të krahasueshme për të gjithë rajonin. Kjo qasje siguron trajtim të barabartë mes të gjitha raporteve dhe lejon një vlerësim objektiv dhe lehtësisht të krahasueshëm. Vlerësimi i progres raporteve vjetore ofrojnë një burim shumë të dobishëm analizimi pasi ato prezantojnë të dhëna të përmbledhura, sistematike bazuar në një numër të madh burimesh. Raporte janë një burim i mirë të dhënash për të vlerësuar në mënyrë cilësore ndryshimet në pothuajse të gjithë sektorët e politikave publike si në aspektin legjislativ (adoptimin e legjislacionit dhe politikave zyrtare të BE-së), ashtu edhe aspektin e zbatimit praktik të tyre (Hille dhe Knill 2006, 541). Progresi matet mbi bazën e institucioneve të ngritura apo të azhurnuara, vendimeve të marra, ligjeve të miratuara dhe masave të zbatuara: si rregull, ligjet apo masat që janë në përgatitje e sipër apo që presin miratimin e parlamentit nuk janë marrë parasysh si të zbatuara. Këto të dhëna cilësore nuk do të konsideroheshin të vlefshme nëse Komisioni Evropian është i njëanshëm, por në rastin e vendeve të BP subjektiviteti i Komisionit Evropian në monitorimin e progresit është zvogëluar ndjeshëm po të kemi parasysh se përvoja me vendet nga EQL ka prodhuar standarde të qarta dhe precize për të monitoruar dhe vlerësuar performancën e vendeve kandidatëve (H. Grabbe 2001, 1024). BE-ja ka objektiva tepër të qarta për të matur progresin në rastin e BP pasi eksperienca me EQL tani ka bërë të mundur vendosjen e standardeve më të qarta dhe si rrjedhojë edhe objektivisht të matshme. Shembulli më i mirë në rastin e BP janë 'benchmarks' e vendosur në fushën e drejtësisë dhe çështjeve të brendshme, si kushte tepër specifike dhe të qarta për liberalizimin e vizave.

Për të llogaritur indeksin e performancës së përputhshmërisë, do të konsiderojmë *intensitetin* dhe *frekuencën* në raportet e vlerësimeve të Komisionit Evropian për performancën (*progresin*) e arritur në secilin sektor të politikave të *acquis* ose thënë ndryshe në të 33 kapitujt e negociatave për anëtarësim. Për të vendosur në lidhje me *intensitetin* e performancës në secilën fushë të politikave publike (për çdo kapitull të negociatave) do ti referohemi shkallës së përdorur nga vetë Komisioni Evropian. Në raportet e Komisionit Evropian mund të evidentojmë katër vlerësime kryesore[40] për çdo nga fushat e politikave publike në një shkallë rendore nga 'progres i rëndësishëm, i mirë apo i konsiderueshëm' (për ne vlerën 1), thjesht 'progres' (për ne vlerën 0.67), 'progres i pakët, i limituar ose disi' (për ne vlerën 0.33) dhe kur nuk ka 'asnjë progres' (për ne vlerën 0) në një fushë të caktuar të politikave publike. Sipas kësaj shkalle *intesiteti* të progresit ne llogarisim edhe numrin e fushave të politikave publike nën secilën prej kategorive të mësipërme. Për të krijuar një indeks vjetor të performancës së Evropianizimit të politikave publike për çdo vend të Ballkanit Perëndimor, shumën e numrit të fushave të politikave publike shumëzuar me koeficientin e *intesitetit* të progresit (sipas vlerave të dhëna nga ne) e pjesëtojmë me numrin e përgjithshëm të politikave publike (ky numër si parim është 33, sa kapitujt e negociatave) të përmendura për vitin specifik. Rezultatet e kësaj përllogaritje paraqiten në Tabela 9.

---

[40] Raportet e fundit të Komisionit Evropian me ndryshimin e metodologjisë kanë shtuar një vlerësim të pestë, atë të regresit.

Tabela 9 Indeksi i Evropianizimit të politikave publike në vendet e Ballkanit Perëndimor (2005 - 2014)

		Numri i kapitujve/sektorëve të cilët janë vlerësuar si...				Indeksi i Evropianizimit të politikave publike
		Nuk ka asnjë progres	*Progres i limituar*	*Progres*	*Progres i rëndësishëm*	
Shteti	Viti	0	0.33	0.67	1	
	2005	3	12	5	0	0.37
	2006	4	14	5	0	0.35
	2007	3	19	2	0	0.32
	2008	2	18	2	2	0.39
Bosnja-	2009	1	18	4	1	0.40
Hercegovina	2010	1	21	2	0	0.34
	2011	3	16	4	1	0.37
	2012	3	18	3	0	0.33
	2013	6	13	4	1	0.33
	2014	2	18	4	0	0.36
	2005	1	24	2	5	0.45
	2006	1	22	5	5	0.47
	2007	0	17	5	11	0.60
	2008	0	13	4	16	0.70
Kroacia	2009	0	8	4	21	0.80
	2010	0	2	13	18	0.83
	2011	0	6	13	14	0.75
	2012	0	0	22	11	0.78
	2005	4	10	4	1	0.37
	2006	4	12	2	4	0.42
	2007	4	19	0	1	0.30
	2008	6	21	0	0	0.26
	2009	3	17	3	0	0.33
Kosova	2010	1	23	1	0	0.33
	2011	1	20	2	0	0.35
	2012	2	7	14	0	0.51
	2013	6	10	7	1	0.37
	2014	3	17	3	1	0.36
	2005	3	14	4	1	0.38
	2006	5	13	4	1	0.35
	2007	4	15	5	2	0.40
	2008	0	11	14	3	0.57
	2009	0	13	11	4	0.56
Mal i Zi	2010	1	11	13	8	0.62
	2011	0	22	6	5	0.49
	2012	0	28	1	4	0.42
	2013	2	28	1	2	0.36
	2014	1	25	5	2	0.41

	2005	4	14	5	9	0.53
	2006	3	14	13	3	0.49
	2007	2	14	12	5	0.54
	2008	0	13	11	9	0.63
Maqedonia	2009	0	19	6	8	0.55
	2010	1	20	4	8	0.52
	2011	2	13	8	10	0.60
	2012	0	22	7	4	0.48
	2013	1	22	3	7	0.49
	2014	0	22	4	7	0.51
	2005	6	13	1	0	0.25
	2006	7	2	3	10	0.58
	2007	1	15	4	4	0.48
	2008	0	22	1	1	0.37
Serbia	2009	0	9	8	7	0.64
	2010	0	14	6	4	0.53
	2011	4	16	12	0	0.42
	2012	2	23	3	5	0.44
	2013	2	23	5	3	0.42
	2014	2	26	2	4	0.41
	2005	3	14	4	1	0.38
	2006	2	17	6	0	0.39
	2007	3	14	6	1	0.40
	2008	1	17	12	0	0.46
Shqipëria	2009	1	23	10	5	0.49
	2010	0	13	12	8	0.62
	2011	1	24	8	0	0.40
	2012	2	26	4	1	0.37
	2013	1	28	3	1	0.37
	2014	0	30	3	0	0.36

Burimi: Përllogaritjet janë të autorit. Të dhënat cilësore për statusin e 'progresit' të politikave publike në përshtatjen me ato të BE-së janë nxjerrë nga raportet e progresit të Komisionit Evropian. Raportet e progresit janë ndarë në fusha apo kapituj, numri i të cilave ndryshon në varësi të fazës së anëtarësimit (nga 20 për vendet potencialisht kandidate në 33 për vendet në proces bisedimesh për anëtarësim. Indeksi i agreguar i Evropianizimit të politikave publike është përllogaritur duke marrë parasysh frekuencën (numrin e fushave të politikave publike) dhe intensitetin (vlerësimi rendor) të 'progresit' të raportuar (shuma e numrit të fushave të politikave të shumëzuar me koeficientin e *intesitetit* të progresit sipas vlerave të dhëna, pjesëtuar me numrin e përgjithshëm të politikave publike të përmendura në vitin përkatës.

Figura 7: Evropianizimi i politikave publike në vendet e BP (2005 - 2014)

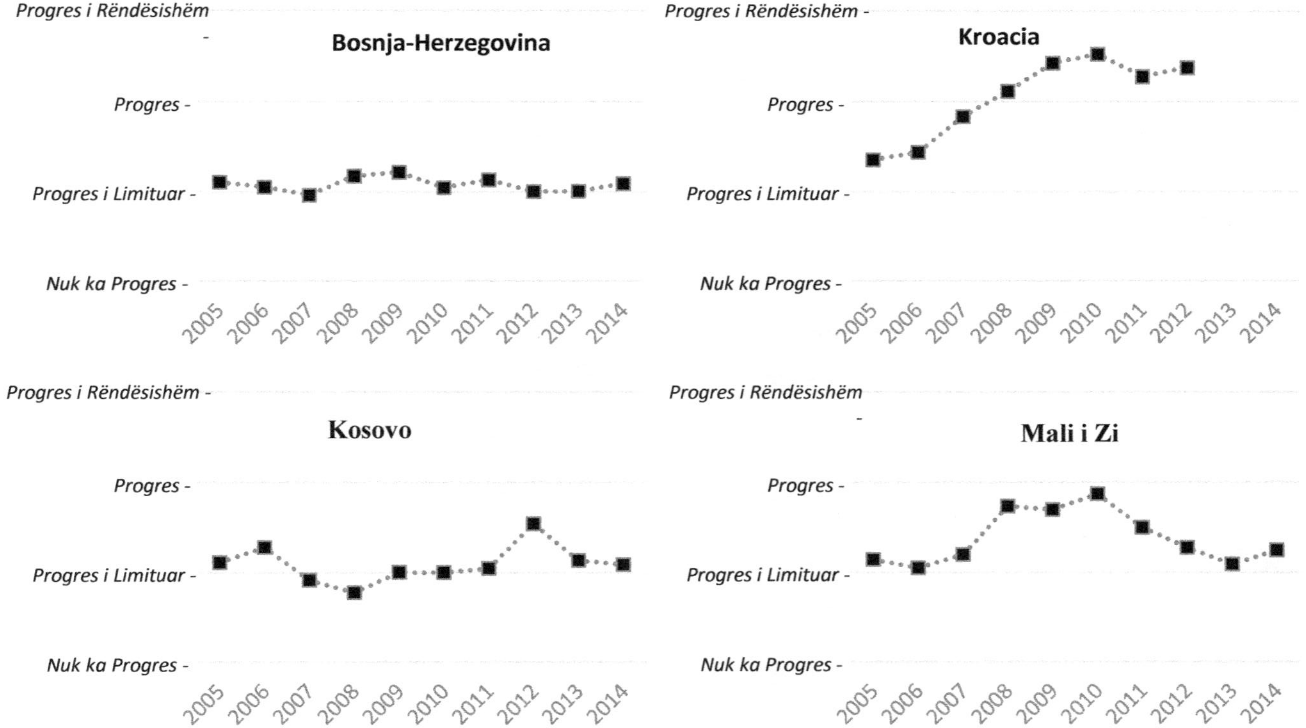

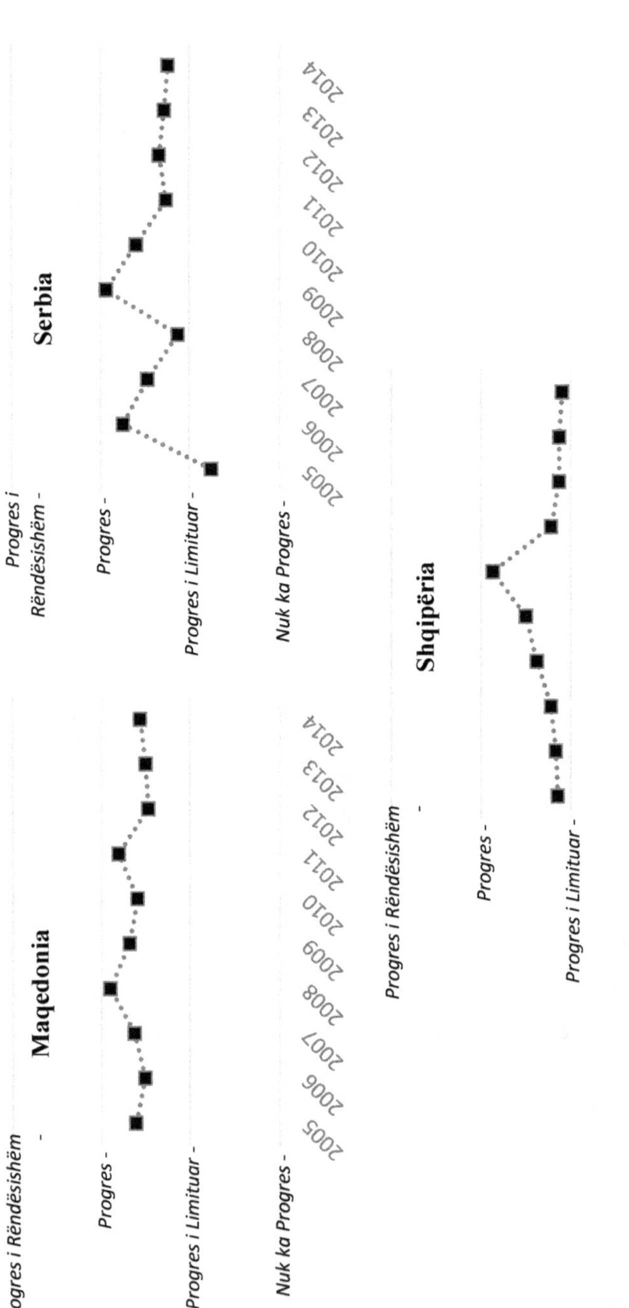

Serbia
Maqedonia
Shqipëria
Progres i Rëndësishëm
Progres
Progres i Limituar
Nuk ka Progres
2005 2006 2007 2008 2009 2010 2011 2012 2013 2014

Figura 8 Dinamika e Evropianizimit Lindor: Krahasimi i raundeve të zgjerimit (2004 – 2007 -2013)

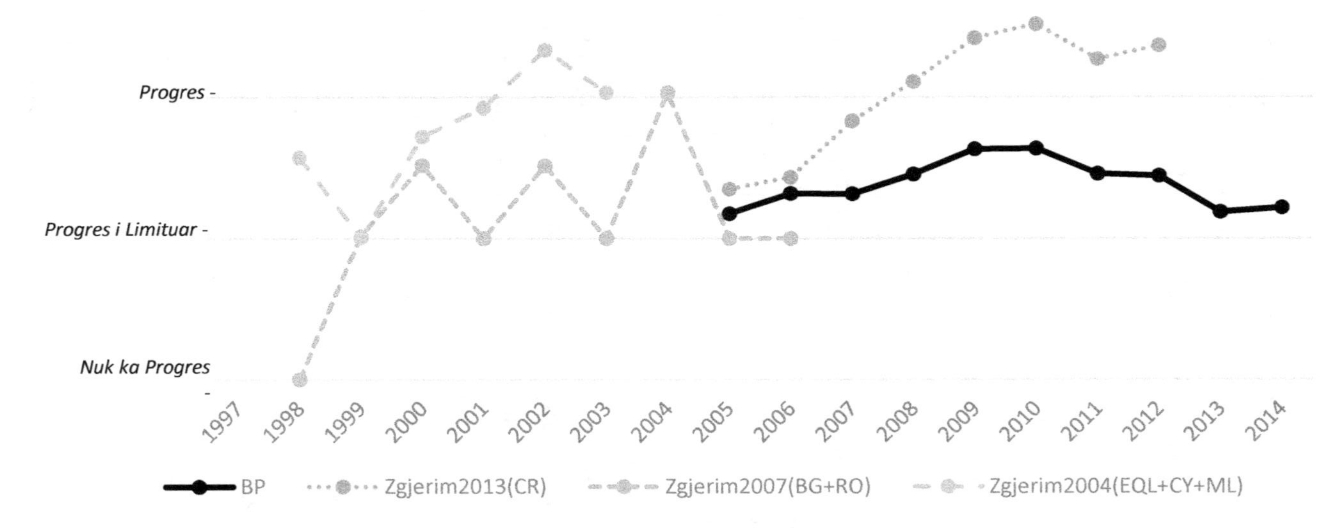

Burimi: Indeksi BP është mesatarja i evropianizimit për të gjitha vendet e Ballkanit Perëndimor (përfshirë Kroacinë), kurse indeksi zgjerim2013 janë të dhënat e vetëm Kroacisë sipas Tabela 9. Indeksi zgjerim2004 përfshin të gjitha tetë vendet e EQL dhe vendet e Mesdheut të Qipros dhe Maltës, kurse indeksi i dytë zgjerim2007 përfaqëson vendet e Bullgarisë dhe Rumanisë. Këto të dhëna janë marrë nga raportet e Komisionit (Commission Opinion, Composite Paper, Annual Reports, Memos on Key Findings 1998-2012) mbi gjetjet e përgjithshme të progresit mbi standardet / *acquis* të BE-së, jo të vlerësimeve për çdo politikë, Për më tepër shih (Jano 2013).

Rezultati i evropianizimit lindor nuk është as homogjen dhe as nuk ecën me të njëjtin ritëm në faza të ndryshme të zgjerimit (Figura 7 dhe 8). Figura 8 paraqet progresin e përputhjes me ligjin e BE-së në vendet e Evropës Juglindore me kalimin e kohës duke mbuluar periudhën 2005-2014.

Nëse i referohet të dhënave cilësore, disa përfundime të rëndësishme mund të nxirren në lidhje me dinamikën e evropianizimit sipas raundeve të zgjerimit të BE. Së pari, vërehet një tendencë e përgjithshme progresi për të gjitha grupet e zgjerimit, megjithëse përparimi në rastin e BP është më i ngadalshëm. Ekziston një trend i përgjithshëm i rritjes së vazhdueshme të evropianizimit të politikave publike në vendet e raundit të zgjerimit të BE-së në 2004. Grupi i zgjerimit2004 pati përparim të shpejtë pas negociatave të pranimit me bllokun e dytë të vendeve të Evropës Qendrore dhe Lindore në 2000. Megjithatë, ndryshimi nuk është shumë thelbësor për të arritur pajtueshmërinë e plotë. Ndryshe nga evropianizimi i shpejtë i Evropës Qendrore dhe Lindore, vendet e BP dhe madje edhe Bullgaria dhe Rumania mbeten prapa. Rezultatet e evropianizimit të politikave publike të tyre janë më të ulëta përgjatë periudhës së shqyrtuar, shpesh vetëm një progres i limituar dhe pavarësisht tendencës pozitive problematika në rastin e BP është ritmi i ngadaltë në të cilin vazhdon procesi i evropianizimit të politikave publike, argument në favor të një 'fuqie transformuese' të limituar të BE-së në vendet e Ballkanit Perëndimor. Nëse i konsiderojmë të gjitha vendet e Evropës Lindore (1998-2012) në një këndvështrim krahasues, mund të themi se BE ka pasur një fuqi relativisht më të fortë transformuese mes vendeve të EQL-së por jo në vendet e Evropës Juglindore. Ndikimi i diferencuar i BE-së në Evropën Lindore mund të shihet më shumë në lidhje me ritmin e përparimit sesa ndaj vlerave absolute të ndryshimit. Për më tepër, dinamika e diferencuar e performancës evropiane mund të shihet jo vetëm në raunde të ndryshme të zgjerimit por edhe brenda një raundi si ai i vendeve të BP.

Së pari, të dhënat tregojnë një tendencë të qartë të Evropianizimit të cekët të sektorit të politikave publike në Ballkanin Perëndimor, pasi vendet e rajonit (përveç Kroacisë) kanë arritur në rastin më të mirë vetëm një progres të kufizuar të përputhshmërisë me *acquis*-në e BE-së. Ato gjithashtu tregojnë disa "probleme të pajtueshmërisë" veçanërisht, nëse krahasohen me vendet e mëparshme të EQL. Së dyti, të dhënat tregojnë gjithashtu ndryshime të konsiderueshme midis dhe brenda vendeve të para-pranimit të SEE. Për më tepër, si në rastin e vendeve të EQL, shih p.sh. (Steunenberg dhe Dimitrova 2007, 11), performanca e Kroacisë nuk është uniforme dhe duket të jetë larg nga optimalia. Ajo nuk përputhej plotësisht me ligjet e BE-së dhe për më tepër, rezultati i pajtueshmërisë së tij ulet kur negociatat për anëtarësim u mbyllën dhe data e pranimit u caktua (në vitin 2011).

4
KONKLUZIONE

> *Kuptimi i evropianizimit në Evropën Juglindore është aktualisht i pamjaftueshëm, sidomos kur krahasohet me përvojën nga Evropa Perëndimore dhe ajo Qendrore... aplikimi i literaturës ekzistuese të evropianizimit mbi shtetet anëtare dhe ato kandidate në kontekstin e Ballkanit Perëndimor pavarësisht se mund të bazohet në të njëjtat parime të jashtme dhe përdor të njëjtat instrument përsëri procesi është akoma një ushtrim kombëtar i ndryshimit dhe përshtatshmërisë* (O. Anastasakis 2005, 80, 86)

Ky libër ka qëllim të prezantojë evoluimin e marrëdhënieve BE-BP duke vendosur theksin në politikën e zgjerimit të BE-së dhe impaktin e saj në vendet e Ballkanit Perëndimor. Pavarësisht se qasja e BE-së në rajon në terma të synimit dhe shtrirjes ka qenë e ndryshme në periudha të ndryshme, pas vitit 2000 politika e zgjerimit ka qenë përcaktuese e marrëdhënieve BE-BP pavarësisht se 'momenti' i anëtarësimit është i papërcaktuar qartë. Arsyet janë të shumëfishta, por e thjeshtëzuar në një ekuacion logjik, mund të shpjegojë se si funksionon politika e zgjerimit të BE-së në rastin e Ballkanit Perëndimor:

Zgjerimi – 'momenti' i anëtarësimit, domethënë koha kur vendet e mbetura të Ballkanit Perëndimor do të bëhen shtete-anëtare të BE-së - varet nga kushtet e vetë BE-së (një parametër i ndryshueshëm) duke ditur që shtetet e Ballkanit

Perëndimor i kanë përmbushur të gjitha kriteret politike dhe teknike të anëtarësimit (një parametër i domosdoshëm).

Presupozimi kryesor këtu është se koha e saktë e anëtarësimit varet jo vetëm në përgatitjet e vendeve kandidate por gjithashtu do të varet shumë nga mënyra se si vetë BE-ja do të zhvillohet (H. Grabbe 2003, 11). Si i tillë, roli i shteteve të Ballkanit Perëndimor është të përmbushë domosdoshmërish kushtet e kërkuara nga BE-ja, ndërkohë që elementi kyç që do të mund të ndikojë në rezultatin e procesit të zgjerimit është BE-ja dhe kushtet e saj të brendshme, që do të thotë se BE-ja ka vullnetin politik dhe kapacitetin për të pranuar anëtarë të rinj jo në kurriz të integrimit të mëtejshëm evropian.

Kjo asimetri, ngre shqetësimin se strategjia e BE-së mund të ndikohet negativisht nga zhvillimet më të fundit të BE-së duke aplikuar 'taktikën e bllokimit ose atë të shtyrjes'.[41] Në fazën aktuale të marrëdhënieve BE-BP, çështja nuk është *nëse* do të finalizohet anëtarësimi por *kur*.

A PO EVOLUON POLITIKA E ZGJERIMIT NË VENDET E BALLKANIT PERËNDIMOR

Në kontrast me zgjerimet e mëparshëm, kur në rastin e zgjerimit në Evropën Jugore (me Greqinë, Spanjën dhe Portugalinë) anëtarësimi u udhëhoq nga ndjenja e 'solidaritetit' me përpjekjet e këtyre vendeve për të stabilizuar regjimet e reja demokratike dhe në rastin e zgjerimit në Evropën Qëndrore dhe Lindore ku anëtarësimi u udhëhoq nga parimi i 'unifikimit' të Evropës. Në rastin e zgjerimit në Ballkanin Perëndimor anëtarësimi u udhëhoq në fazat e hershme nga parimi i 'paqes dhe stabilitetit' të rajonit. Nëse në zgjerimet e mëparshme ka mbizotëruar më tepër vullneti politik, sot zgjerimi në vendet e

---

[41] Rreth argumentit të taktikave blokuese dhe ato të shtyrjes shih (F. Schimmelfennig 1999, 149).

mbetura të Ballkanit Perëndimor është kthyer në një çështje teknike. Përveç kushtëzimit si një nga parimet kryesore të politikës së zgjerimit në Ballkanin Perëndimor, janë hartuar edhe instrumente shtesë në rastet e ngërçeve të krijuar si me Dialogun e Koordinuar nga BE-ja për marrëdhëniet ndërmjet Beogradit dhe Prishtinës, Dialogun e Niveli të Lartë për Anëtarësimin e Maqedonisë, Dialogun e Strukturuar mbi Drejtësinë me Bosnjë-Hercegovinën, ose dhe Procesi i Berlinit.

Ajo që mund të pohohet është se marrëdhëniet BE-BP kanë qenë dhe janë një proces i vazhdueshëm në të cilin BE si aktor kryesor është 'në gjendje të rishikojë strategjinë e vet përpara rrethanave në ndryshim dhe të ndërmarrë ndryshime radikale' (D. Papadimitriou 2002, 21).

Modeli i politikës së zgjerimit i aplikuar në Ballkanit Perëndimor, ka dy karakteristika kryesore atë të integrimit individual të shteteve dhe bashkëpunimit rajonal. Për shembull, Kroacia filloi negociatat për anëtarësim në 2005 dhe në korrik 2013 u bë shtet-anëtar në BE. Bisedimet për anëtarësim kanë filluar me Malin e Zi dhe Serbinë, Shqipëria dhe Maqedonia janë vende kandidate në pritje të hapjes së negociatave kurse Bonjë-Hercegovina dhe Kosova ende nuk e kanë marrë statusin vend kandidat. Në rastin e vendeve në anëtarësim përqendrimi është kryesisht në *acquis* të BE-së, ndërsa për vendet potencialisht kandidate vëmendje e veçantë i është kushtuar pajtueshmërisë me kriteret politike të Kopenhagës.

Çfarë ka rëndësi në vendimmarrjen për anëtarësim?

Studimet empirike (Jano 2014) (Schwarz 2016) tregojnë se faktori i transformimit politik është një kusht i domosdoshëm por jo i mjaftueshëm për zgjerimin e BE-së në Ballkanin Perëndimor, pasi përmbushje e disa kushteve të tjera është e nevojshme. Nga studimi

(Jano 2014, 79) rezulton se demokracia liberale dhe preferencat e shteteve-anëtare mbi zgjerimin janë faktorë të rëndësishëm, të domosdoshëm dhe në disa raste edhe kushte të mjaftueshme për të përcaktuar 'shpejtësinë' në procesin e zgjerimit. Domethënia empirike e hipotezës së komunitetit liberal është në linjë me pritshmërinë teorike dhe tregon qëndrueshmëri në zbatimin e kushteve politike në procesin e anëtarësimit në BE. Megjithatë, kjo nuk është e mjaftueshme. Preferencat e shteteve anëtare janë gjithashtu faktorë të rëndësishëm në shpjegimin e vendimeve të BE-së për t'u zgjeruar. Gjendja e një ekonomie funksionale të tregut dhe e kapaciteteve efektive administrative u gjetët jo sistematikisht të lidhura me ngjarjet kryesore politike të procesit të zgjerimit të BE. Megjithatë, ato janë pjesë përbërëse e modelit të mjaftueshëm të zgjerimit të BE-së, shih (Jano 2014). Opinioni publik i BE-së, nuk ka qenë, të paktën drejtpërdrejt, relevant në kuptimin dhe shpjegimin e vendimmarrjes për zgjerimin e BE-së në vendet e Ballkanit Perëndimor. Sidoqoftë, mbështetja publike e BE-së mund të ndikojë indirekt në procesin e zgjerimit, duke u reflektuar në preferencat partiake të partive politike të shteteve-anëtare.

A ËSHTË EVROPIANIZUAR BALLKANI PERËNDIMOR?

Në terma të përgjithshme, Ballkani Perëndimor ka arritur transformime rrënjësore që prej vitit 2000 kur Bashkimi Evropian lancoi politikën e zgjerimit për rajonin dhe i njohu shtetet e rajonit si vende kandidate potenciale. Këto transformime janë më të kuptimta nëse konsiderojmë stadin fillestar në të cilën e filluan procesin e integrimit evropian vendet e Ballkanit Perëndimor. Pas më shumë se 15 vitesh, vendet e rajonit jo vetëm që janë stabilizuar por edhe kanë përparuar gjithnjë e më shumë në lidhje me procesin e anëtarësimit. Rasti më i mirë është ai i Kroacisë, e cila pavarësisht se e filloi procesin si një vend i cili ishte përfshirë në konfliktin në ish-Jugosllavi ia arriti të bëhet shteti i 28-të i Bashkimit Evropian. Megjithatë, nga analizat më të thelluar, vërejmë një Evropianizim të diferencuar jo vetëm në bazë të vendit kandidat por edhe në bazë të çështjeve.

Megjithëse vendet e Ballkanit Perëndimor në parim e kanë perspektivën e anëtarësimit, kredibiliteti i anëtarësimit është më i largët sesa ishte më parë me vendet e EQL si dhe kostot e përmbushjes së kushteve të BE-së janë gjithashtu shumë herë më të larta, pasi në disa raste ato prekin çështje të ndjeshme të shtetësisë dhe identitetit kombëtar, shih p.sh. (Freyburg dhe Richter 2010), (Subotic 2011) ose sepse kapaciteti administrative dhe zhvillimi ekonomik është i ulët. Natyra specifike e kushteve politike të BE-së gjithashtu e bën më të lehtë për politikanët nacionalistë për të sfiduar legjitimitetin e këtyre kushteve (G. Noutcheva 2009). Duke pasur parasysh këtë situatë përgjithësisht të pafavorshme, në vendet e Ballkanit Perëndimor priten efekte të limituara të Evropianizimit. Më vështirë është të gjesh efektet në politeia dhe politikën kombëtare, ndërkohë që impakti në politikat publike ka qenë më i dukshëm, sidomos në fushat ku BE-ja mund të ofrojë shpërblime specifike edhe në mungesë të anëtarësimit siç ndodhi për çështjen e liberalizimit të vizave apo në sektorin e energjisë, shih, p.sh. (Trauner 2011).

Cilat mekanizma funksionojnë në rastin e Ballkanit Perëndimor

Literatura mbi ndikimin e zgjerimit të Bashkimit Evropian ofron disa qasje shpjeguese dhe kushte nën të cilat pritet të Evropianizohet një vend kandidat. BE-ja ndikon në ndryshimet e brendshme nëpërmjet kushtëzimit të anëtarësimit në BE ose bindjes dhe socializimit të aktorëve kombëtarë, ku shpeshherë ky ndikim është i kufizuar edhe nga vetë kushtet e brendshme dhe trashëgimia historike e vendeve kandidate. Evropianizimi është një koncept tepër i gjerë i cili prek pothuajse çdo aspekt politik të një vendi, që nga forma e shtetit deri tek politikat publike, çështje të identitetit dhe sjelljes prandaj edhe modelet teorike do te duhet të shqyrtohen dhe adoptohen në këtë këndvështrim.

Trendi dominues në literaturë nxjerr në pah kushtëzimin e BE-së për anëtarësim si faktorin kryesor të Evropianizimit, megjithëse disa studime kryesisht në rastin e Ballkanit Perëndimor kanë vënë në dukje rëndësinë e faktorëve lehtësues të brendshëm (p.sh. Noutcheva 2009, Freyburg dhe Richter 2010, Subotic 2011). Kështu, nuk mund të bëhet një supozim thjeshtësues dhe në të njëjtën kohë të mund të shpjegohet kompleksitet se si zgjerimi i BE-së sjell ndryshime në vendet kandidate të Ballkanit Perëndimor.

Në një studim empirik (Jano 2016) rreth faktorëve kyç të cilët influencojnë përputhshmërinë me *acquis*-në, rezulton se besueshmëria e anëtarësimit në BE e kombinuar me numrin e ulët të aktorëve kombëtarë me fuqi vetoje, dhe rezonanca e lartë qeveritare me normat e BE-së janë sistematikisht dhe pothuajse gjithmonë kushtet e domosdoshme dhe si të tilla mund të shpjegojnë në mënyrë të mirë performancën e pajtueshmërisë me ligjet e BE-së në vendet e Ballkanit Perëndimor. Këto rezultatet tregojnë se vendet e Ballkanit Perëndimor kanë më shumë gjasa të përputhin legjislacionin dhe politikat e tyre me *acquis* nëse nxitja e anëtarësimit në BE është ende e fuqishme dhe nëse vendet janë politikisht të aftë dhe normativisht mbështetëse të integrimit evropian. Kurse kapacitetet administrative dhe rrjetet e sponsorizuara nga BE-ja nuk rezultojnë faktorë sistematikë shkakësorë të domosdoshëm apo zgjidhje alternative për pajtueshmërinë, ato mund të jenë kushte komplementare të cilat në rastin më të mirë, mund të rritin shpejtësinë, por jo gjasat e përmbushjes së përputhshmërisë. Për shembull Kroacia, si një histori suksesi, tregon se ecuria e lartë e pajtueshmërisë me *acquis* të BE-së varej jo vetëm nga perspektiva e anëtarësimit eventual në BE, por edhe nga intensiteti dhe kohëzgjatja e rrjeteve të sponsorizuara nga BE, si dhe aftësia, efektiviteti dhe qëndrimi pro-evropian i qeverisë. Megjithatë, sektori i politikave ka rëndësi pasi mekanizmat e përfshirë dhe rezultatet e arritura variojnë ndjeshëm në varësi të sektorit.

SUGJERIME RRETH AVANCIMIT TË POLITIKËS SË ZGJERIMIT DHE HULUMTIMEVE TË MËTEJSHME

Zhvillimet politike në rajon kanë ndodhur në rrethana të ngarkuara nga lufta dhe pasojat e saj, por edhe nga faktorë gjeopolitikë disi të ndryshëm, ku përveç BE-së një rol të rëndësishme kërkojnë të luajnë fuqitë e tjera ndërkombëtare si Turqia apo Rusia. Prandaj, ulja e besueshmërisë për një anëtarësim real në BE do të ngadalësonte procesin e reformave ose më keq akoma në disa vende do të kishte edhe regres. Atëherë, çfarë mund të themi në lidhje me efektivitetin e Evropianizimit të vendeve të mbetura nga Ballkani Perëndimor në të ardhmen? Në raste kur ka shenja të lodhjes dhe/ose të rritjes së nacionalizmit në BE dhe në vendet e BP, është e domosdoshme që BE-ja të ofrojë 'shpërblime' të ndërmjetme për qeveritë e vendeve të Ballkanit Perëndimor në fusha specifike të politikave publike dhe të ndihmojë 'kyçjen' e disa rezultateve pozitive të Evropianizimit (Vachudova 2005, 251); si p.sh. udhëtimi pa viza në rastin e pajtueshmërisë me kushtet në sektorin e drejtësisë dhe punëve të brendshme, shih (Renner dhe Trauner 2009). Mbajtja e një presioni mbi çështje kyçe dhe ofrimi i avantazheve nga ana tjetër, do ta legjitimojnë procesin dhe rezultatin, pasi kjo do të shihet si një mënyrë reale për të kompensuar besueshmërinë e ulët të anëtarësimit të shpejtë (Jano 2016, 19).

Ndërkohë që Zgjerimi dhe Evropianizimi i BP janë ende një proces në vazhdim, do të ketë akoma nevojë për azhurnime dhe studime të mëtejshme sepse

1) hulumtimet rreth zgjerimit dhe evropianizimit të Ballkanit Perëndimor janë të limituara dhe vetëm në gjenezën e tyre, ato janë ende të pamjaftueshme nëse e krahasojmë me studimet në EQL.

2) procesi po merr shumë kohë, dhe drejtimi i tij është i ndryshëm dhe i pa përcaktuar,

   a. evoluimi i politikës së zgjerimit është një opsion ende i hapur dhe pasiguria e vendeve të Ballkanit Perëndimor e madhe,

   b. gjithashtu në disa sektorë (p.sh. sundimi i ligjit), reformat e nxitura nga BE-ja kanë filluar të kenë edhe efekte negative përforcuese (fuqi patologjike) pavarësisht se indirekte, pasi rezultati i tyre varet nga kushtet e brendshme të vendit shih Mendelski 2015

3) Për më tepër, modelet dhe rezultatet në fazën e para-anëtarësimit janë një sfond i rëndësishëm që do të ndihmojë në kuptimin (mund të jenë shkaqe) e Evropianizimit kur vendet e Ballkanit Perëndimor të bëhen shtete anëtare.

Hulumtime të mëtejshme duhet të kryhen në lidhje me qëndrueshmërinë dhe efektivitetin e Evropianizimit kur vendet e BP të jenë shtet anëtar dhe mekanizmi i kushtëzimit të mos jetë aktiv.

BIBLIOGRAFI

Agh, Attila. 1998. *The Politics of Central Europe.* London: Sage.

Anastasakis, O. 2005. «The Europeanization of the Balkans.» *The Brown Journal of World Affairs* 77-88.

Anastasakis, Othon, dhe Vesna Bojicic-Dzelilovic. 2002. *Regional Co-operation and European Integration.* Policy Paper, London: The Hellenic Observatory, London School of Economics and Political Science. http://eprints.lse.ac.uk/5706/1/policyPaper2.pdf.

Andonova, L. B. 2005. «The Europeanization of Environmental Policy in Central and Eastern Europe.» Në *Schimmelfennig, F.; Sedelmeier, U.*, nga The Europeanization of Central and Eastern Europe, 135-155. Ithaca, NY: Cornell University Press.

Bache, Ian, George Andreou, Gorica Atanasova, dhe Danijel Tomsic. 2011. «Europeanization and multi-level governance in south-east Europe: the domestic impact of EU cohesion policy and pre-accession aid.» *Journal of European Public Policy* 18 (1): 122-141.

Baker, Susan. 2015. «EU Conditionality and Environmental Policy in South-eastern Europe.» *Südosteuropa* 63 (3): 372-392.

Baldwin, Richard E., Joseph F. Francois, dhe Richard Portes. 1997. «The Costs and Benefits of Eastern Enlargement: the Impact on the EU and Central Europe.» *Economic Policy* 24: 125-176.

Balkan Forum. 2002. «Integrating the Balkans: Regional Ownership and European Responsibilities.» Discussion paper, Berlin.

Balkan Forum. 2004. *Rethinking the Balkans: Incongruities of State and Nation Building, Regional Stabilisation and European Integration.* Discussion paper, Berlin: Bertelsmann Foundation.

Bauer, M. W., C. Knill, dhe D. Pitschel. 2007. «Differential Europeanization in Eastern Europe: The Impact of Diverse EU Regulatory Governance Patterns.» *Journal of European Integration* 405-423.

Bechev, Dimitar. 2006a. «Carrots, Sticks and Norms: the EU and Regional Cooperation in Southeast Europe.» *Journal of Southern Europe and the Balkans* 18 (1).

—. 2011. *Constructing South East Europe. The Politics of Balkan Regional Cooperation.* New York: Palgrave Macmillan.

Bechev, Dimitar. 2006b. *Constructing South East Europe. The Politics of Regional Identity in the Balkans.* RAMSES Working Paper, 1/06, Oxford: European Studies Centre, University of Oxford.

Bechev, Dimitar. 2006b. *Constructing South East Europe: The Politics of Regional Identity in the Balkans.* RAMSES Working Paper 1/06, Oxford: European Studies Centre, University of Oxford.

Bechev, Dimitar. 2005. *EU and the Balkans: The Long and Winding Road to Membership.* Opinion Piece, Oxford: European Studies Centre, St Antony's College.

Bechev, Dimitar, dhe Svetlozar Andreev. 2005. *Top-Down vs. Bottom-Up Aspects of the EU Institution-Building Strategies in the Western Balkans.* Occasional Paper No. 3/05, Oxford: South East European Studies Programme, European Studies Centre, University of Oxford.

Benoit, Kenneth, dhe Michael Laver. 2004. «Party Policy in Modern Democracies. Expert survey scores of policy positions of political parties in 47 countries.»

Bianchini, Stefano. 1999. *Prospects for Peace and Regional Integration in the Balkans.* Mimeo, University of Bologna.

Bianchini, Stefano. 1995. «The Collapse of Yugoslavia: Sources of its International Instability.» Në *The Yugoslav War, Europe and the Balkans. How to Achieve Security?*, nga Stefano Bianchini dhe Paul Shoup. Ravenna: Longo.

Biermann, Rafael. 1999. *The Stability Pact for South Eastern Europe. Potential, Problems and Perspectives.* Discussion Paper, Bonn: Center for European Integration Studies.

Böhmelt, T., dhe T. Freyburg. 2013. «The temporal dimension of the credibility of EU conditionality and candidate states' compliance with the acquis communautaire, 1998–2009.» *European Union Politics* 250-272.

Bojicic, Vesna, Mary Kaldor, dhe Ivan Vejvoda. 1995. *Post-War Reconstruction in the Balkans: A Background Report Prepared for the European Commission.* SEI Working Paper No. 14, Brighton: Sussex European Institute.

Börzel, T. A., dhe T Risse. 2003. «Conceptualizing Domestic Impact of Europe.» Në *The Politics of Europeanization*, nga K. Featherstone dhe C. Radaelli, 55-78. Oxford: Oxford University Press.

Bugajski, Janusz. 2001. *Facing the Future. The Balkans to the Year 2010.* Discussion Paper, Bonn: ZEI - Center for European Integration Studies.

Bulmer, S. 2007. «Theorizing Europeanization.» Në *Europeanization: New Research Agendas*, nga P. Graziano dhe M. P. Vink, 46–58. Basingstoke: Palgrave Macmillan.

Bunce, Valerie. 2003. «Rethinking Recent Democratization: Lessons from the Postcommunist Experience.» *World Politics* 55: 167-192.

Caporaso, J. 2007. «The Three Worlds of Regional Integration Theory.» Në *Europeanization: New Research Agendas*, nga P. Graziano dhe M. P. Vink, 23-34. Basingstoke: Palgrave Macmillan.

Cekik, Aneta. 2017. «Adapting to Europe? Business interests and civil society groups in accession countries, .» *West European Politics.*

Chandler, David. 2003. «The European Union and Governance in the Balkans: A Unequal Partnership .» *European Balkan Observer* 5-9.

Churchill, Winston. 1946. «Sinews of Peace.» Speech held in the Westminster College, Missouri.

Cirtautas, A.M., dhe F. Schimmelfennig. 2010. «Europeanisation before and after accession: conditionality, legacies and compliance.» *Europe-Asia Studies* 421–41.

Council of the European Union. 2000. «Presidency Conclusions.» Santa Maria da Feira.

Council of the European Union. 2006. «Presidency Conclusions.» 10633/06, Brussels.

Council of the European Union. 2001. *Review of the Stabilisation and Association Process.* Council Report, Luxembourg: General Affairs Council.

Cowles, M. G., dhe T. Risse. 2001. «Transforming Europe: Conclusions.» Në *Transforming Europe: Europeanization and Domestic Change* , nga M. G. Cowles, J. Caporaso dhe T., Risse, 1-20. Ithaca: Cornell University Press.

Dallara, Cristina. 2016. «Ten Years of EU-Driven Judicial Reforms in Southeastern Europe: The EU Leverage and Domestic Factors at Stake.» *Southeastern Europe* 385-414.

Deacon, Bob, Noémi Lendvai, dhe Paul Stubbs. 2007. «Conclusions.» Në *Social Policy and International Interventions in South East Europe,* nga Bob Deacon dhe Paul Stubbs, 221 - 242. Massachusetts: Edward Elgar Publishing Limited.

Dehousse, Franklin, dhe Wouter Coussens. 2001. «The Enlargement of the European Union Opportunities and Threats.» *Studia Diplomatica* LIV (4).

Dimitrova, A. 2002. «Enlargement, Institution-Building and the EU's Administrative Capacity Requirement.» *West European Politics* 171-190.

Dimitrova, A. L. 2005. «Europeanization and Civil Service Reform in Central and Eastern Europe.» Në *The Europeanization of Central and Eastern Europe*, nga F. Schimmelfennig dhe U. Sedelmeier, 71-91. Ithaca, NY: Cornell University Press.

Dimitrova, Gergana. 2003. *Strengthening Regional Cooperation and Fostering Local Initiative. Recommendations for Reforming the Stability Pact for Southeast Europe and for Improving International Assistance to Southeast Europe.* Policy Paper, Budapest: Center for Policy Studies.

Encyclopædia Britannica. 2017. *Balkans.* https://www.britannica.com/place/Balkans.

European Commission. 2017. *Commission presents White Paper on the future of Europe: Avenues for unity for the EU at 27.* Press release, Brussels.

European Commission. 2010. «Croatia 2010 Progress Report.» SEC(2010) 1326, Brussels.

European Commission. 2006. *Enlargement, two years after: an economic evaluation.* Occasional Papers No. 24, DG ECFIN.

European Commission. 2016. «Europeans' views on the priorities of the European Union.» Standard Eurobarometer 85.

European Commission. 2006. «PUBLIC OPINION IN THE EUROPEAN UNION .» EUROBAROMETER 66.

European Commission. 2000. «Zagreb Summit Final Declaration.» Final Declaration, Zagreb. http://ec.europa.eu/enlargement/enlargement_process/accession_proc ess/how_does_a_country_join_the_eu/sap/zagreb_summit_e n.htm.

Faber, Anne, dhe Wessels Wolfgang. 2006. «Revisited Background Paper on the Project's Theoretical and Methodological Framework Including Sets of Expectations and Yardsticks with Indicators.» Wider Europe, Deeper Integration? Constructing Europe Network, Project-No. 513416, Deliverable D6, EU-Consent.

Faber, Anne, dhe Wessels Wolfgang. 2006. «Revisited Background Paper on the Project's Theoretical and Methodological Framework Including Sets of Expectations and Yardsticks with Indicators.» Wider Europe, Deeper Integration? Constructing Europe Network, Project-No. 513416, Deliverable D6, EU-Consent.

Fagan, Adam. 2012. «Building environmental governance in Bosnia-Herzegovina: Europeanisation and transnational assistance in the context of limited statehood.» *Environment and Planning C: Government and Policy* 30: 643 – 657.

Fagan, Adam, dhe Indraneel Sircar. 2010. «Compliance without governance: the role of NGOs in environmental impact assessment processes in Bosnia-Herzegovina.» *Environmental Politics* 19 (4): 599–616.

Falkner, G., dhe O. Treib. 2008. «Three three worlds of compliance or four? The EU15 compared to new member states.» *Journal of Common Market Studies* 293–313.

Falkner, G., M. Hartlapp, dhe O. Treib. 2007. «Worlds of compliance: Why leading approaches to European Union implementation are only 'sometimes-true theories.» *European Journal of Political Research* 46 (3): 395–416.

Falkner, G., M. Hartlapp, S. Leiber, dhe O. Treib. 2004. «Non-Compliance with EU directives in the Member States: Opposition through the Backdoor?» *West European Politics* 452-473.

Falkner, G., O. Treib, M. Hartlapp, dhe S. Leiber. 2005. *Complying with Europe. EU Harmonisation and Soft Law in the Member States.* Cambridge: Cambridge University Press.

Featherstone, K. 2003. «Introduction: In the name of 'Europe'.» Në *The Politics of Europeanization*, nga K. Featherstone dhe C. M. Radaelli, 331-351. Oxford: Oxford University Press.

Fierke, K. M., dhe Antje Wiener. 1999. «Constructing Institutional Interests: EU and NATO Enlargement.» *Journal of European Public Policy* 6 (5): 721-742.

Freedom House. 2006. «Nations in Transit 2006: Democratization from Central Europe to Eurasia.»

Freyburg, T., dhe S. Richter. 2010. «National identity matters: the limited impact of EU political conditionality in the Western Balkans.» *Journal of European Public Policy* 263–281.

Friis, Lykke, dhe Anna Murphy. 2000. «'Turbo-Charged Negotiations'. The EU and the Stability Pact for South Eastern Europe.» *Journal of European Public Policy* 7 (5): 767-786.

Friis, Lykke, dhe Anna Murphy. 1999. «The European Union and Central and Eastern Europe: Governance and Boundaries.» *Journal of Common Market Studies 37(2)* 211-232.

Gallup Balkan Monitor. 2010. *Balkan Opinion Barometer.* http://www.rcc.int/seeds/results/2/balkan-opinion-barometer.: Regional Cooperation Council.

Geddes, Andrew, dhe Andrew Taylor. 2016. «In the shadow of fortress Europe? Impacts of European migration governance on Slovenia, Croatia and Macedonia.» *Journal of Ethnic and Migration Studies* 42 (4): 587-605.

Gligorov, Vladimir. 2003. «European Union in the Balkans.» *European Balkan Observer* 1 (1).

Gligorov, Vladimir, Mary Kaldor, dhe Loukas Tsoukalis. 1999. *Balkan Reconstruction and European Integration.* Vienna: WIIW-VIENNA INSTITUTE FOR INTERNATIONAL ECONOMIC STUDIES.

Gligorov, Vladimir, Mary Kaldor, dhe Loukas Tsoukalis. 1999. «Balkan Reconstruction and European Integration.» The wiiw Balkan Observatory, Working Papers 001.

Goetz, Klaus. 2001. «Making sense of post-communist central administration: modernization, Europeanization or Latinization?» *Journal of European Public Policy 8(6)* 1032-1051.

Grabbe, H. 2003. «Europeanization Goes East: Power and Uncertainty in the EU Accession Process.» Në *The Politics of Europeanization*, nga K. Featherstone dhe C. Radaelli, 303-330. Oxford: Oxford University Press.

—. 2006. *The EU's Transformative Power: Europeanization through Conditionality in Central and Eastern Europe.* New York: Palgrave Macmillan.

Grabbe, H. 2001. «How does Europeanization affect CEE governance? Conditionality, diffusion and diversity.» *Journal of European Public Policy* 8 (6): 1013-1031.

Haas, Ernst B. 1968. *The Uniting of Europe. 1950-1957.* Stanford: Stanford UP.

Hall, P. A., dhe R. C. R. Taylor. 1996. «Political Science and the Three New Institutionalism.» *Political Studies* 936-957.

Hille, P., dhe C. Knill. 2006. «'It's the bureaucracy, stupid': the implementation of the acquis communautaire in EU candidate countries, 1999–2003.» *European Union Politics* 531–52.

Hillion, Christophe. 2010. *The Creeping Nationalisation of the EU Enlargement Policy.* Swedish Institute for European Policy Studies.

Hix, S., dhe K. Goetz. 2000. «Introduction: European Integration and National Political.» *West European Politics* 23 (4): 1-26.

Hoffmann, Judith. 2005. «Integrating Albania. The Role of the European Union in the Democratization Process.» *Albanian Journal of Politics* 1 (1): 55-74.

Howell, K. 2004. «Developing Conceptualisations of Europeanization: Synthesising Methodological Approaches.» Queen's Papers on Europeanization No 3.

Hughes, J., G. Sasse, dhe C. Gordon. 2004. *Europeanization and Regionalization in the EU's Enlargement to Central and Eastern Europe: The Myth of Conditionality.* New York: Palgrave Macmillan.

International Commission on the Balkans. 2005. *The Balkans in Europe's Future.* Report, Sofia: CENTRE FOR LIBERAL STRATEGIES. http://www.cls-sofia.org/en/books/the-balkans-in-europe-s-future-28.html.

International Commission on the Balkans. 1996. *Unfinished Peace.* Washington, DC: Carnegie Endowment for International Peace.

Jacoby, W. 2005. «External Incentives and Lesson-Drawing in Regional Policy and Health Care.» Në *The Europeanization of Central and Eastern Europe*, nga F. Schimmelfennig dhe U. Sedelmeier, 91-111. Ithaca, NY: Cornell University Press.

—. 2004. *The Enlargement of the European Union and NATO: Ordering from the Menu in Central Europe.* Cambridge: Cambridge University Press.

Jano, D. 2016. «Compliance with EU Legislation in the Pre-Accession Countries of South East Europe (2005–2011): A Fuzzy-set Qualitative Comparative Analysis.» *Journal of European Integration* 1-22.

Jano, D. 2013. «Dynamics of Eastern Europeanisation and the Impact of 'Membership Credibility' in EU Enlargement Rounds.» *The Central European Journal of International and Security Studies* 7 (4): 60-76.

Jano, D. 2008a. «EU – Western Balkans Relations: The Many EU Approaches.» *The Journal of the International University Institute of European Studies* 143-160.

Jano, D. 2008b. «From Balkanization to Europeanization: The stages of Western Balkans Complex Transformations.» *L'Europe en Formation: Journal of Studies on European Integration and Federalism* 55-69.

Jano, D. 2014. «The Politics of EU Enlargement Revisited - What conditions matter in the case of the EU's South-Eastern enlargement?» *Contemporary Southeastern Europe* 68-91.

Jano, D. 2009. «The Whys and When enlarging to the Western Balkans".» *European Journal of Economic and Political Studies* 61-77.

Juncker, Jean-Claude. 2017. *PRESIDENT JEAN-CLAUDE JUNCKER'S State of the Union Address 2017.* SPEECH/17/3165, Brussels: European Commission.

Kavalski, Emilian. 2003. «Debate: The Western Balkans and the EU. the Probable Dream of Membership.» *South-East Europe Review* 6 (1): 197-212.

Kempe, Iris, dhe Wim van Meurs. 2002. *Prospects and Risks: Beyond EU Enlargement.* Munich: Center for Applied Policy Research.

Klemenčič, Manja. 2013. «The effects of Europeanisation on institutional diversification in the Western Balkans.» Në *The globalisation challenge for European Higher Education: Convergence and diversity, centres and peripheries*, nga Pavel Zgaga, Ulrich Teichler dhe John Brennan, 117-138. Bern: Peter Lang.

Kmezić, Marko, dhe Florian Bieber. 2017. «The Crisis of Democracy in the Western Balkans. An Anatomy of Stabilitocracy and the Limits of EU Democracy Promotion.» Balkans in Europe Policy Advisory Group.

Knaus, Gerald, dhe Marcus Cox. 2005. «The "Helsinki Moment" in Southeastern Europe.» *Journal of Democracy* 16 (1): 39-53.

Knill, C., dhe D. Lehmkuhl. 1999. «How Europe Matters: Different Mechanisms of Europeanization.» *European Integration online Papers.*

Knill, C., dhe D. Lehmkuhl. 2002. «The National Impact of European Union Regulatory Policy: Three Europeanization Mechanisms.» *European Journal of Political Research* 255-280.

Knill, C., dhe J. Tosun. 2009. «Hierarchy, networks, or markets: how does the EU shape environmental policy adoptions within and beyond its borders?» *Journal of European Public Policy* 873–894.

Kopecký, Peter, dhe Cas Mudde. 2000. «What has Eastern Europe taught us about the democratisation literature (and vice versa)?» *European Journal of Political Research* 517-539.

Koprić, Ivan, Polonca Kovač, dhe Anamarija Musa. 2012. «Agencies in Three South Eastern European Countries: Politics, Expertise and Law.» *NISPAcee Journal of Public Administration and Policy* 17-44.

Krastev, Ivan. 2003. *In Search of Responsive Government: State Building and Economic Growth in the Balkans.* Budapest: CPS Policy Studies Series.

Krastev, Ivan. 2002. «The Balkans: Democracy Without Choices.» *Journal of Democracy* 13 (3).

Lavenex, S., dhe F. Schimmelfennig. 2009. «EU rules beyond EU borders: theorizing external governance in European politics.» *Journal of European Public Policy* 791–812.

Lehne, Stefan. 2004. *Has the 'Hour of Europe' Came at Last? The EU's Strategy for the Balkans.* Chaillot Paper 70, Paris: Institute for Security Studies.

Lendvai, Noémi. 2004. «The Weakest Link? EU Accession and Enlargement: Dialoguing EU and Post-Communist Social Policy.» *Journal of European Social Policy* 319-333.

Linden, Ronald. 2011. «EU Accession and the Role of International Actors.» Në *Central and East European politics: from communism to democracy*, nga Sharon L. Wolchik dhe Jane L. Curry, 125 - 142. Plymouth: Rowman & Littlefield Publishers.

Lindstrom, Nicole. 2011. «Power trips: Europeanization, market-governance, and energy policy in the Western Balkans.» *Policy and Society* 30 (3): 197-207.

Lippert, Barbara. 2010. «The EU Enlargement: In Search of A New Momentum.» Në *Poland and the Czech Republic: Advocates of the EU Enlargement?*, nga Adam Balcer, 57-76. Warsaw: Demos Europa.

Maniokas, Klaudijus. 2000. «Methodology of the EU Enlargement: a Critical Appraisal.» *Lithuanian Foreign Policy Review* 5.

March, J. G., dhe J. P. Olsen. 1998. «The Institutional Dynamics of International Political Orders.» *International Organization* 52 (4): 943-969.

Marciacq, Florent. 2015. *EU Enlargement in troubled times? Adapting to new realities and drawing lessons from democratisation failures.* Policy Brief 39, Vienna: Österreichische Gesellschaft für Europapolitik (ÖGfE).

Mattli, Walter, dhe Thomas Plümper. 2002. «The Demand-Side Politics of EU Enlargement: Democracy and the Application for EU Membership.» *Journal of European Public Policy* 9 (4): 550–574.

McFaul, Michael. 2002. « The Fourth Wave of Democracy and Dictatorship: Noncooperative Transitions in the Postcommunist World.» *World Politics* 54: 212-244.

Mendelski, Martin. 2016. «Europeanization and the Rule of Law: Towards a Pathological Turn.» *Southeastern Europe* 40: 346 - 384.

Mendelski, Martin. 2013. «Where does the European Union make a difference? Rule of law development in the Western Balkans.» Në *European Integration and Transformation in the Western Balkans. Europeanization or business as usual?*, nga Arolda Elbasani, 101-108. London: Routledge.

Miles, Lee. 2004. «Theoretical Considerations.» Në *European Union Enlargement.*, nga N. Nugent. Basingstoke: Palgrave MacMillan.

Moravcsik, Andrew, dhe Frank Schimmelfennig. 2009. «Liberal Intergovernmentalism.» Në *European Integration Theory*, nga Antje Wiener dhe Thomas Diez, 67-87. Oxford: Oxford University Press.

Moravcsik, Andrew, dhe Milada. Anna. Vachudova. 2005. «Preferences, power and equilibrium. The causes and consequences of EU enlargement.» Në *The Politics of European Union Enlargement. Theoretical Approaches*, nga Frank Schimmelfennig dhe Ulrich Sedelmeier, 198-212. New York: Routledge.

Müftüler–Bac, Meltem, dhe Lauren M. McLaren. 2003. «Enlargement Preferences and Policy-Making in the European Union: Impacts on Turkey.» *Journal of European Integration* 17-30.

Mungiu-Pippidi, Alina, Wim V Meurs, dhe Vladimir Gligorov. 2007. «Plan B – B for Balkans: State Building and Democratic Institutions in Southeastern Europe.» Berlin/Nijmegen/Vienna.

Musa, Anamarija, dhe Ivan Koprić. 2011. «What Kind of Agencification in Croatia? Trends and Future Directions.» *Transylvanian Review of Administrative Sciences* 50 – 72.

Mylona, Eleni. 2007. *The Impact of the Accession of the Western Balkan Countries On Voting and Coalition within the European Council of Ministers.* Economics Discussion Paper, No. 28, York: University of York.

Noutcheva, G. 2006. «EU Conditionality, State Sovereignty and the Compliance Patterns of Balkan States.» *3rd Pan-European Conference on EU Politics European Consortium for Political Research.* Bilgi University.

Noutcheva, G. 2009. «Fake, partial and imposed compliance: the limits of the EU's normative power in the Western Balkans.» *Journal of European Public Policy* 1065–84.

Noutcheva, Gergana, dhe Senem Aydin-Düzgit. 2012. «Lost in Europeanisation: The Western Balkans and Turkey.» *West European Politics* 59-78.

O'Donnell, Guillermo, dhe Philippe C. Schmitter. 1986. *Transitions from Authoritarian Rule: Tentative Conclusions about*

Uncertain Democracies. Baltimore and London: Johns Hopkins University Press.

O' Brennan, John. 2014. «'On the Slow Train to Nowhere?' The European Union, 'Enlargement Fatigue' and the Western Balkans.» *European Foreign Affairs Review* 19 (2): 221–242.

Olsen, J. 2002. «The Many Faces of Europeanization.» *Journal of Common Market Studies* 40 (5): 921-952.

Panebianco, Stefania, dhe Rosa Rossi. 2004. *EU Attempts to Export Norms of Good Governance to the Mediterranean and Western Balkan Countries.* Jean Monnet Working Papers in Comparative and International Politics (JMWP) n° 53, Catania: Jean Monnet Centre EuroMed, University of Catania.

Papadimitriou, Antigoni, Åse Gornitzka, dhe Bjørn Stensaker. 2015. «Designed Diffusion? The Impact of an EU Instrument for Public Management Reform in the Western Balkans.» *Journal of European Integration* 37 (6): 629-647.

Papadimitriou, D., dhe D. Phinnemore. 2004. «Europeanization, Conditionality and Domestic Change: The Twinning Exercise and Administrative Reform in Romania.» *Journal of Common Market Studies* 42 (3): 619-39.

Papadimitriou, D., dhe D. Phinnemore. 2003. «Exporting Europeanization to the Wider Europe: The Twinning Exercise and Administrative Reform in the Candidate Countries and Beyond.» *Southeast European and Black Sea Studies* 1-22.

Papadimitriou, Dimitris. 2002. *Negotiating the New Europe. The European Union and Eastern Europe.* Aldershot: Ashgate Publishing Company.

Pertti, J., S. Dewar, dhe L. Fairlie. 2000. *The Kaliningrad Puzzle: A Russian Region within the European Union.* Copenhagen Peace Research Institute.

Phinnemore, David. 2006. «Beyond 25 - the Changing Face of EU Enlargement: Commitment, Conditionality and the

Constitutional Treaty.» *Journal of Southern Europe and the Balkans* 7-26.

Phinnemore, David. 2013. «The Stabilisation and Association Process: A Framework for European Union Enlargement? .» Në *European Integration and Transformation in the Western Balkans: Europeanization or business as usual?*, nga A. Elbasani, 22-35. Taylor and Francis.

Piana, Claire. 2002. «The EU's Decision-Making Process in the Common Foreign and Security Policy: The Case of the Former Yugoslav Republic of Macedonia.» *European Foreign Affairs Review* 7: 209-226.

Pierson, P. 2000. «Increasing Returns, Path Dependence, and the Study of Politics.» *The American Political Science Review* 94 (2): 251-267.

Polk, Jonathan, Jan Rovny, Ryan Bakker, Erica Edwards, Liesbet Hooghe, Seth Jolly, Jelle Koedam, etj. 2017. «Explaining the salience of anti-elitism and reducin.» *Research & Politics.*

Preston, Christopher. 1995. «Obstacles to EU Enlargement: The Classical Community Method and the Prospects for a Wider Europe.» *Journal of Common Market Studies* 33 (3).

Prodi, Romano. 2002. «Enlargement – the Final Lap .» Speech/02/463, Brussels.

Qesaraku, Mariola, dhe Klodjan Seferaj. 2016. *Anëtarësimi i Shqipërisë në Bashkimin Evropian: Manual për Qytetarët.* Tiranë: Fondacioni Friedrich Ebert-Zyra për Shqipërinë dhe Fondacioni Shoqëria e Hapur për Shqipërinë.

Radaelli, C. M. 2004. «Europeanisation: Solution or problem?» *European Integration online Papers (EIoP)* 8 (16).

Radaelli, C. M. 2000. «Whither Europeanization? Concept stretching and substantive change.» *European Integration online Papers (EIoP).*

Radaelli, C. M., dhe R. Pasquier. 2007. «Conceptual Issues.» Në *Europeanization: New Research Agendas* , nga P. Graziano dhe M. P. Vink, 35-45. Basingstoke: Palgrave Macmillan.

Regional Cooperation Council. a.d. «Balkan Opinion Barometer.» http://www.rcc.int/seeds/results/2/balkan-opinion-barometer.

Rehn, O. 2004. «New Commission - new impetus to the Stabilisation and Association Process of the Western Balkan countries.» *EU-Western Balkan Forum.* Brussels.

Renner, Stephan, dhe Florian Trauner. 2009. «Creeping EU Membership in South-east Europe: The Dynamics of EU Rule Transfer to the Western Balkans.» *Journal of European Integration* 31 (4): 449-465.

Risse, T., M. G. Cowles, dhe J. Caporaso. 2001. «Europeanization and Domestic Change: Introduction.» Në *Transforming Europe: Europeanization and Domestic Change*, nga M. G. Cowles, J. Caporaso dhe T. Risse, 1-20. Ithaca: Cornell University Press.

Rosamond, B. 2006. «The Future of European Studies: Integration Theory, EU Studies and Social Science.» Në *Debates on European Integration. A Reader*, nga M. Eilstrup-Sangiovanni, 448-460. Basingstoke and New York: Palgrave Macmillan.

Rupnik, Jacques. 2000. «Eastern Europe: the International Context.» *Journal of Democracy* 11 (2).

Schenkkan, Nate. 2016. «Nations in Transit 2016: Europe and Eurasia Brace for Impact.» Freedom House.

Scherpereel, John. 2005. «The Dynamics of EU Enlargement in American Perspective.» Në *The State of the European Union Vol. 7 – With US or Against US? European Trends in American Perspective*, nga Nicolas Jabko dhe Craig Parsons. Oxford: Oxford University Press.

Schimmelfennig, F, dhe U Sedelmeier. 2005b. «Conclusions: The impact of EU on the Accession Countries.» Në *The*

Europeanization of Central and Eastern Europe, nga F Schimmelfennig dhe U Sedelmeier, 210-228. Ithaca, NY: Cornell University Press.

Schimmelfennig, F, dhe U Sedelmeier. 2005a. «Introduction: Conceptualizing the Europeanization of Central and Eastern Europe.» Në *The Europeanization of Central and Eastern Europe*, nga F Schimmelfennig dhe U Sedelmeier, 1-28. Ithaca, NY: Cornell University.

Schimmelfennig, F, dhe U Sedelmeier. 2005c. «The politics of EU enlargement: Theoretical and Comparative Perspectives.» Në *The Politics of European Union Enlargement: Theoretical Approaches*, nga F Schimmelfennig dhe U Sedelmeier, 3-25. New York: Routledge.

Schimmelfennig, F., dhe B. Rittberger. 2006. «Theories of European Integration: Assumptions and Hypotheses.» Në *European Union: Power and Policy-Making*, nga J Richardson, 73-95. Abingdon: Routledge.

Schimmelfennig, Frank. 2008. «EU Political Accession Conditionality after Enlargement: Consistency and Effectiveness.» *Journal of European Public Policy* 15 (6): 918-37.

Schimmelfennig, Frank. 2002. «Liberal Community and Enlargement: an Event History Analysis.» *Journal of European Public Policy* 598-626.

Schimmelfennig, Frank. 2001. «The Community Trap: Liberal Norms, Rhetorical Action, and the Eastern Enlargement of the European Union.» *International Organization* 55 (1): 47–80.

Schimmelfennig, Frank. 2005. «The Community Trap: Liberal Norms, Rhetorical Action, and the Eastern Enlargement of the European Union.» Në *The Politics of European Union Enlargement: Theoretical Approaches*, nga Frank Schimmelfennig dhe Ulrich Sedelmeier, 142-71. New York: Routledge.

Schimmelfennig, Frank. 1999. «The Double Puzzle of EU Enlargement Liberal Norms, Rhetorical Action, and the Decision to Expand to the East.» ARENA Working Papers, WP 99/15.

Schimmelfenning, Frank, dhe Ulrich Sedelmeier. 2006. «The Study of European Union Enlargement: Theoretical Approaches and Empirical Findings.» Në *Palgrave Advances in European Union Studies*, nga Michelle Cini dhe Angela K. Bourne, 96-116. New York: Palgrave Macmillan.

Schmidt, Vivien A. 2010. «Taking ideas and discourse seriously: explaining change through discursive institutionalism as the fourth 'new institutionalism'.» *European Consortium for Political Research* 2 (1): 1-25.

Schwarz, Oliver. 2016. «Two steps forward one step back: what shapes the process of EU enlargement in South-Eastern Europe?» *Journal of European Integration* 757-773.

Sedelmeier, U. 2008. «After conditionality: post-accession compliance with EU law in East Central Europe.» *Journal of European Public Policy* 806–825.

Sedelmeier, Ulrich. 2011. «Europeanisation in new member and candidate states.» *Living Reviews in European Governance.*

Sjursen, Helene. 2002. «Why Expand?: The Question of Legitimacy and Justification in the EU's Enlargement Policy.» *Journal of Common Market Studies* 40 (3): 491–513.

Smith, K. 1999. *The Making of EU Foreign Policy: The Case of Eastern Europe.* New York: St Martin's Press.

Smith, Michael. 2000. «Negotiating New Europes. The Roles of the European Union.» *Journal of European Public Policy* 7 (5): 806-822.

Steunenberg, B., dhe A. Dimitrova. 2007. «Compliance in the EU enlargement process: the limits of conditionality.» *European Integration online Papers (EIoP)* 2–18.

Steunenberg, B., dhe A. Dimitrova. 2007. «Compliance in the EU enlargement process: The limits of conditionality.» *European Integration online Papers (EIoP)*.

Stojić, Marko. 2017. «Between Core and Peripheral Politics: Opposing the EU in the Western Balkans.» *Europe-Asia Studies* 728-753.

Stratulat, C. 2014. «Conclusions.» Në *EU Integration and Party Politics in the Balkans*, nga C. Stratulat. Brussels: European Policy Centre.

Strelkov, Alexander. 2016. «The EU and rule of law promotion in Western Balkans – a new role for candidate states' parliaments.» *East European Politics* 32 (4): 505-524.

Subotic, J. 2011. «Europe is a state of mind: identity and Europeanization in the Balkans.» *International Studies Quarterly* 309–330.

Sverdrup, U. 2002. «How the enlargement challenges the institutions - or the existence – of the European Economic Area.» ARENA Working Paper 05.

Sverdrup, U. 2005. «Implementation and European integration: A review essay.» ARENA Working Paper, No. 25.

Tallberg, J. 2002. «Paths to compliance: enforcement, management, and the European Union.» *International Organization* 609–43.

The European Council. 1993. «Conclusions of the Presidency.» Copenhagen.

Thomson, Robert, dhe Madeleine Hosli. 2006. «Who Has Power in the EU? The Commission, Council and Parliament in Legislative Decision-making.» *Journal of Common Market Studies* 44 (2): 391-417.

Todorova, Maria. 2009. *Imagining the Balkans.* Updated Edition. New York: Oxford University Press.

Todorova, Maria. 1994. «The Balkans: From Discovery to Invention.» *Slavic Review* 53 (2): 453-482.

Torreblanca, José Ignacio. 2005. «Arguing about Enlargement.» Në *Enlargement in Perspective*, nga Helene Sjursen. Oslo: ARENA.

Toshkov, D. 2008. «Embracing European Law: compliance with EU directives in Central and Eastern Europe.» *European Union Politics* 379–402.

Toshkov, D. 2007. «Transposition of EU social policy in the new member states.» *Journal of European Social Policy* 335–348.

Toshkov, Dimitar. 2011. «Public opinion and policy output in the European Union: A lost relationship.» *European Union Politics* 169-91.

Trauner, F. 2011. *The Europeanisation of the Western Balkans. EU Justice and Home Affairs in Croatia and Macedonia.* Manchester: Manchester University Press.

Tsebelis, G. 1995. «Decision Making in Political Systems: Veto Players in Presidentialism, Parliamentarism, Multicameralism and Multipartyism.» *British Journal of Political Science* 289-326.

Uvalic, Milica. 2001. « Regional Cooperation in Southeastern Europe.» Working Paper 17/01, 'One Europe or Several?' – Programme.

Uvalic, Milica. 2003. «Economic Transition in Southeast Europe.» *Southeast European and Black Sea Studies* 3 (1): 63-80.

Uvalic, Milica. 2001. *Regional Cooperation in Southeastern Europe.* Working Paper 17/01, The Programme 'One Europe or Several?'.

Vachudova, M.A. 2005. *Europe undivided: democracy, leverage and integration after communism.* Oxford: Oxford University Press.

Van Meurs, Wim. 2004. *Rethinking the Balkans: Incongruities of State and Nation Building, Regional Stabilisation and European Integration.* Discussion paper Balkan Forum,

Berlin: Bertelsmann Foundation and Center for Applied Policy Research.

Van Meurs, Wim. 2003. «The European Union and the Balkans: From Stabilization Process to Southeastern Enlargement.» *European Balkan Observer,*.

Vink, M. P. 2002. «What is Europeanization? and Other Questions on a New Research Agenda.» *Second YEN Research Meeting on Europeanisation.* Milan: University of Bocconi.

Vink, M. P., dhe P. Graziano. 2007. «Introduction: Challenges of a New Research Agenda.» Në *Europeanization: New Research Agendas*, nga P. Graziano dhe M. P. Vink, 3–20. Basingstoke: Palgrave Macmillan.

Vlahutin, Romana. 2004. «The Croatian Expectation.» Në *The Western Balkans Moving on*, nga Juddy Batt (ed.). Paris: Institute for Security Studies, Chaillot Paper.

Wallace, H. 2000. «Europeanisation and globalisation: Complementary or contradictory trends?» *New Political Economy* 5 (3): 369-382.

Wunsch, Natasha. 2015. «Beyond instrumentalisation: NGO monitoring coalitions in Croatia, Montenegro, and Serbia.» *East European Politics* 452-467.

Zielonka, J. 2001. «How New Enlarged Borders will Reshape the European Union.» *Journal of Common Market Studies* 39 (3): 507-36.

Zielonka, Jan. 2006. *Europe as Empire - The Nature of the Enlarged European Union.* Oxford: Oxford University Press.

www.ingramcontent.com/pod-product-compliance
Lightning Source LLC
Chambersburg PA
CBHW061932270726
48660CB00004BA/1452